共同富裕背景下中国家族企业社会责任投资与企业价值研究

张洪君◎著

Study on the Relationship to Social Responsibility Investment and Enterprise Value of Chinese Family Business under the Background of Common Prosperity

中国财经出版传媒集团

经济科学出版社

Economic Science Press

图书在版编目（CIP）数据

共同富裕背景下中国家族企业社会责任投资与企业价
值研究／张洪君著． -- 北京：经济科学出版社，
2022. 10
ISBN 978 - 7 - 5218 - 4112 - 1

Ⅰ. ①共… Ⅱ. ①张… Ⅲ. ①家族 - 私营企业 - 投资
- 社会责任 - 研究 - 中国 Ⅳ. ①F279. 245

中国版本图书馆 CIP 数据核字（2022）第 186826 号

责任编辑：杜　鹏　刘　悦
责任校对：刘　昕
责任印制：邱　天

共同富裕背景下中国家族企业社会责任投资与企业价值研究

张洪君◎著

经济科学出版社出版、发行　新华书店经销
社址：北京市海淀区阜成路甲 28 号　邮编：100142
编辑部电话：010 - 88191441　发行部电话：010 - 88191522
网址：www. esp. com. cn
电子邮箱：esp_bj@ 163. com
天猫网店：经济科学出版社旗舰店
网址：http：//jjkxcbs. tmall. com
固安华明印业有限公司印装
710×1000　16 开　13. 75 印张　255000 字
2022 年 10 月第 1 版　2022 年 10 月第 1 次印刷
ISBN 978 - 7 - 5218 - 4112 - 1　定价：76. 00 元

前　　言

　　中国家族企业是改革开放 40 多年经济快速发展中不可或缺的重要力量。当前，在国家打赢脱贫攻坚战、全面建成小康社会、提出"十四五"期间要"扎实推动共同富裕"的背景下，在家族企业处于新一轮转型升级和传承换代的特殊时期，如何积极履行企业社会责任，助力共同富裕，提升市场影响力和核心竞争力，进而实现家族企业基业长青和可持续发展，是中国家族企业面临的重要问题。

　　由于企业社会责任涉及企业多方利益相关者，越来越多的家族企业把企业社会责任作为企业持续发展的重要路径之一，在企业社会责任投资方面不断寻求突破。但在实践中，家族企业社会责任投资却多显不足或者出现投资不平衡的现象，使家族企业在社会责任履行方面饱受诟病。那么，到底企业社会责任投资中的哪个维度或哪种投资结构或称投资组合能够提升家族企业价值，使其基业长青，实现其可持续发展呢？

　　基于此，本书立足于中国家族企业发展现状，以企业社会责任投资为切入点，按照"背景阐述—现状分析—理论建模—实证检验—案例研究—对策建议"的思路，系统分析了企业社会责任投资及结构对家族企业价值提升的影响。首先，梳理了马克思主义共同富裕观的科学内涵，阐述了中国特色社会主义共同富裕观的形成和发展、成熟和完善，进而提出当前中国扎实推动共同富裕对家族企业的影响和要求；其次，分析了当前中国家族企业社会责任投资的现状和特点；再其次，通过理论分析企业社会责任投资各维度及投资结构对家族企业价值提升的作用机理，提出家族企业社会责任投资及结构对家族企业价值的理论分析框架，构建了理论模型；最后，通过建立回归模型和机器学习模型分别从家族企业社会责任投资各维度、家族企业社会责任投资结构、家族控制三个方面对家族企业价值提升的机理进行实证检验。另外，基于家族企业创始人或实际控制人的权威及对家族企业投资决策的影响，本书还采用了神经管理学的实验研究方法，分析检验了企业社会责任投资决策的神经机制，并选择作为家族企业社会责任投资典范的曹德旺家族的福耀集团为研究对象，运用案例分析了福耀集团的社会责任投资策略。

研究结果显示，家族企业社会责任投资各维度对家族企业价值提升均产生影响，家族企业在投资者、员工、政府三个维度的社会责任投资对企业价值产生显著的正向效应，而在环境维度的投资对企业价值产生显著的负向效应；家族企业社会责任不同投资结构对家族企业价值提升产生不同的影响，自愿有回报的社会责任投资（含股东、员工、客户和供应商维度）和自愿无回报的社会责任投资（含社区和公众、环境维度）对家族企业价值的提升有正向影响效应，说明家族企业比较重视股东、员工及客户和供应商的组合投资；家族控制对投资者和员工维度的社会责任投资与企业价值之间的关系有显著的正向调节作用；自愿情境下企业社会责任投资决策的神经反应更显著；这些结论为家族企业选择企业社会责任投资策略、政府监管部门制定相关政策提供了经验证据。

本书的主要贡献与可能的创新点包括：首先，提供了企业社会责任投资与企业价值之间关系研究的新视角。本书提出了企业社会责任投资结构的概念和分类，并通过理论分析、实证检验和案例分析等多角度验证家族企业社会责任投资结构对企业价值提升的作用机理，为家族企业如何选择最优的社会责任投资、实现企业价值的持续提升和家族事业的基业长青提供参考和借鉴。其次，提供了分析家族企业社会责任投资策略的理论框架。本书以企业社会责任投资为切入点，系统分析了企业社会责任投资及结构对家族企业价值提升的影响，形成了分析企业社会责任投资及结构对家族企业价值提升的理论框架，为学者后续开展相关研究提供了新的参考。最后，采用多种研究方法对理论模型进行实证检验。本书除运用分层回归分析方法进行分析验证外，还探索采用机器学习研究方法和神经科学研究方法，对理论模型进行多角度检验，通过相互印证，提高了实证检验的可靠性和有效性。

　　由于笔者水平有限，书中难免存在疏漏和值得商榷的地方，敬请读者谅解和指正。

张洪君

2022 年 7 月

目　录

绪　　论

改革开放 40 多年来，中国经济以前所未有的速度飞快发展，其中民营经济发挥了重要作用。根据相关资料统计，中国民营企业贡献了中国经济的"56789"：50% 以上的税收、60% 以上的国内生产总值（GDP）、70% 以上的技术创新成果、80% 以上的城镇劳动就业、90% 以上的企业数量（任泽平等，2019），其中，中国家族企业占民营企业的近 90%。当前，中国已经打赢脱贫攻坚战，全面建成了小康社会，党的十九届五中全会又明确提出"十四五"期间要"扎实推动共同富裕"。在这样的背景下，实现共同富裕，离不开民营家族企业和企业家的参与，新时代的民营家族企业不能缺位，这是国家赋予民营家族企业的神圣使命，也是企业家承担社会责任的内在要求。

但是，也有资料显示，中国家族企业在追求经济绩效的同时，却存在企业社会责任投资缺失或者投资不平衡的问题，从而严重影响家族企业的社会声誉及企业价值的提升和长远发展。目前，学术界对中国重要经济体的家族企业的社会责任投资研究还比较欠缺。因此，本书以中国上市家族企业为研究对象，探究中国家族企业社会责任投资及投资结构对企业价值的影响，以期为中国家族企业的健康和长远发展、促进民营经济的高质量发展、助力"扎实推进共同富裕"的战略决策提供相关借鉴。

第一节　研究背景和意义

一、研究背景

（一）现实背景

家族控制是中国民营企业的主要模式。根据 2011 年发布的《中国家族企业发展报告（2011）》，中国民营企业中有 85.4% 是家族企业；而国泰安家族企业数据库显示，截至 2017 年底，A 股上市公司中有家族成员涉入的家族企业共有 1521 家，占 A 股所有上市公司（3498 家）的 43.48%。无论基于总体经济还是资本市场视角，家族企业在推动中国经济高速发展中都作出了不可忽视的贡献（麦木蓉等，2020）。

当前，中国已经打赢脱贫攻坚战，全面建成了小康社会，党的十九届五中全会又明确提出"十四五"期间要"扎实推动共同富裕"。扎实推动共同富裕，不会改变家族企业在中国的发展前景和社会地位，家族企业与其他非公有制企业一样，无论是家族财产还是企业经营都能够得到坚实可靠的法律保障。但是，国家通过高质量发展推进共同富裕的战略决策，则要求包括家族企业也必须与其他企业一样，要尽快转换思路和观念，自觉树立创新、协调、绿色、开放、共享的新发展理念，以实现企业的可持续发展；要积极参与分配方式改革，在家族成员积极参与慈善公益事业的同时，推动企业承担其应有的社会责任。

近年来，越来越多的家族企业认识到，家族企业要想基业长青，获得可持续发展，不仅要获取更高的经济利益，满足股东等投资者的需要，更要承担其他利益相关者的责任，如员工、客户、社会公益等方面的责任。例如，刘永好家族的新希望集团成立扶贫专项小组，扶助贫困山区儿童、捐赠救灾物资等；任建华家族的老板电器加大研发投资力度，降低电器产生的废气对空气的污染，同时还主动承担了治理水污染和空气污染的公益项目；何享健家族的美的集团将总市值高达 60 亿元的股份成立了中国最大的慈善信托等。但是，也有资料表明，家族企业社会责任投资明显不足，存在社会责任失德现象，其中不乏少数"巨无霸"企业，它们垄断原材料价格、阻碍企业产品技术进步，因而引发严重的环境污染，员工福利待遇日益下降等。尤其近年来这些社会责任缺失事件纷纷见诸各媒体杂志报纸上，引起相当恶劣的社会影响，企业的声誉和效益也不断下滑。因此，家族企业社会责任投资不足问题引起了社会的高度关注。

另外，据统计，中国的慈善捐赠中，民营家族企业所占比重最大。民政部中民慈善捐助信息中心 2012 年发布的《中国慈善捐助报告》显示，2011年来自企业的捐助中，中国民营家族企业的捐赠金额达 281.2 亿元，占企业捐赠额的 57.9%。另据资料，在 2020 年新冠肺炎疫情抗疫捐款中，民营家族企业抗疫捐款也是最多，达 210.9 亿元，占捐赠总额的 60%。可以看出，家族企业除了为保证其基本的经济责任而在企业社会责任股东维度投资较大外，在社区和公众维度的投资也较多。

可见，在我国家族企业的蓬勃发展过程中，既有曹德旺父子这样对慈善事业孜孜以求、具有高度社会责任感的优秀企业家，也有制造了污染环境、生产劣质产品、拖欠员工工资等社会事件的不良家族企业，使家族企业遭遇严重的信任危机进而威胁其可持续发展，还有在公益慈善等某个维度或几个维度的社会责任投入较大的家族企业。也就是说，企业社会责任问题深刻地影响着家族企业的价值提升，影响着家族企业的可持续发展。因此，在"扎实推动共同富裕"的背景下，探究中国家族企业社会责任投资及投资结构对企业价值的影响，将为中国家族企业的健康和长远发展、促进中国民营经济的高质量发展、助力中国共同富裕战略目标的实现提供相关借鉴。

（二）理论背景

麦克威廉等（McWilliam et al.，2001）认为，企业履行社会责任可以看作投资的一种形式。企业在创造利润的同时也要为满足债权人、员工、客户、政府等利益相关者的要求而进行资源投入，它与土地、资本、劳动一样可以为企业带来财务价值和非财务价值方面的收益，本书因而采用"企业社会责任投资"这一概念。企业社会责任投资结构则是指企业在一定发展阶段中对各类利益相关者投入的资源在企业社会责任投资总额中所占的比重。

企业社会责任是近年来理论界与实务界关注的热门话题。企业社会责任作为企业活动的延伸，会促进公司治理的有效性，通过提高监督和透明度的企业实践来确保企业的可持续发展（Jo and Harjoto，2011；叶艳等，2019），从而对企业价值产生深刻影响。家族企业是企业正式契约和家族非正式契约双重作用的复合体，与非家族企业相比，企业社会责任投资对家族企业价值、声誉及其可持续发展影响更大。家族所有者作为自然人，受其价值观等方面的影响，其促使企业进行社会责任投资往往还有财务目标追求以外的情感价值追求或更高的价值目标追求。因此，与非家族企业相比，家族企业的企业价值也附加了新的内容，它既包括企业的财务价值，也包含家族声誉、家族创始人或领导者的人生追求和个人抱负等非财务价值，戈麦斯－梅加等（Gomez-Mejia et al.，2007、2011）称为社会情感财富（socioemotional wealth，SEW）。但是，作为现代企业源头并对当今各国经济社会发展发挥重要作用的家族企业，对其社会责任及企业价值的研究却较为稀少，而公司财务领域的研究更是很少涉猎。

现有研究成果对企业社会责任（投资）与企业价值关系的理论和实证研究，主要研究整体的企业社会责任（投资）或其不同维度与企业价值的关系（Crisóstomo et al.，2011；张兆国等，2013；王建琼等，2009；朱丽娜等，2020），考察的是它们之间单项的正相关、负相关或不相关。但企业进行社会责任投资是一个复杂的系统性问题，并非简单地多做慈善、多交税、多给员工发工资就是很好的社会责任投资决策，不能简单地认为企业对某方面的社会责任投资过少或对某一种社会责任（如慈善）投入较多就一定降低了或者促进了企业价值。国外学者实证研究也发现，同一时期企业对各项社会责任投资并不是均衡的，从不同的社会责任维度来看，企业既可以说是负社会责任的企业，又可以说是不负社会责任的企业。本书认为，企业不同于事业单位，更非慈善机构，以营利为核心属性的企业组织，是近现代人类社会实现高度繁荣的物质文明的基础。让企业无限地承担社会责任，无疑会影响企业的内在机制，破坏企业创造财富的内在机理。应当既让员工、政府、客户等利益相关者得到应得的利益，也让企业决策者、股东、管理者得到其应得的利益，尤其对于具有家族和企业双重契约系统的家族企业而言，真正使企业实现可持续发展的是企业在各类利益相关者之间进行社会责任投资的最佳均衡点，即企业在某一阶段上对不同维度社会责任投资的最佳投资结构。要从实现企业可持续发展这一企业的最高价值出发，科学合理地处理企业利益相关者之间的关系，即科学合理地建构企业社会责任投资结构。而目前的文献对此方面的研究尚不足。因此，研究什么样的社会责任投资结构才能更好地促进企业价值的提升，促进企业尤其是家族企业的可持续发展，使企业为社会创造更多财富，具有很重要的理论意义和实践意义。

二、研究意义

（一）理论意义

基于以上阐述，本书研究具有以下理论意义。

1. 探索了企业社会责任投资及投资结构对企业价值提升的作用机理，丰富了企业社会责任投资理论。国内外财务学者对企业社会责任投资的动机、股权结构对企业社会责任投资的影响以及企业社会责任绩效与财务绩效的关系等方面研究较多，但在我国"转型经济加新兴市场"的情境下，关于企业社会责任投资结构与企业价值之间关系的研究几乎是空白，对此问题的研究必将进一步丰富基于利益相关者价值导向的企业社会责任投资理论。

2. 结合中国家族企业的特殊性研究家族企业社会责任投资及结构与企业价值提升的关系，丰富了家族企业理论。本书试图运用家族企业理论、利益相关者理论、企业可持续发展等理论，从家族控制角度，探讨家族企业社会责任投资及结构对企业价值提升的影响机理，并对此进行实证检验和案例分析，这些研究有助于丰富基于企业可持续发展的家族企业理论。

（二）现实意义

对当前处于转轨时期的中国而言，企业要想获得高质量高水平的发展，还需要一定的理论进行指导。因此，本书研究还具有以下现实意义。

1. 为家族企业合理分配资源、制定科学的社会责任投资策略提供理论指导。家族企业在我国经济社会发展中占有重要地位，但近几年由于企业过分追求利益最大化而作出了许多伤害债权人、客户、员工、环境等利益相关者利益的不负责任的社会行为，深刻影响着家族企业的可持续发展。中国的家族企业承担的社会责任严重不足，特别是在成熟期，社会责任与经济实力结构性失衡，成为中国家族企业"短命"的重要原因（马丽波等，2009）。本书在上述理论研究的基础上，开展深入的案例研究和实证检验，获取了企业社会责任投资结构优化、家族控制与企业社会责任投资结构及其对企业价值影响的经验数据，对家族企业所有者和高管开展社会责任投资决策具有较强的指导意义。

2. 为政府管理部门改进外部监管机制、建立家族企业社会责任投资促进机制、助力共同富裕目标的实现提供理论参考。企业领域的研究较少关注政府是否和如何影响企业社会责任投资行为，本书根据家族企业特点，研究了家族企业主对企业社会责任的投资意愿，划分了自愿和非自愿的两种履行方式，其研究结论可以为政府管理部分制定企业社会责任投资的促进政策提供理论参考。

第二节 研究思路、内容和方法

一、研究思路

本书以中国提出"十四五"期间要"扎实推动共同富裕"为背景,从家族企业社会责任投资现状中存在的投资不足、结构不平衡及其对企业价值产生的影响等现实问题入手,运用家族企业理论、利益相关者理论、资源基础理论、社会情感财富理论、可持续发展理论等作为理论基础,以中国家族上市公司为研究对象,分析家族企业社会责任投资各维度及其投资结构对企业价值提升的作用机理,构建家族企业社会责任投资及其投资结构与企业价值提升的理论模型。在此基础上,分别采用逐步分层回归法、机器学习法和神经科学实验法三种方法,对本书的理论模型进行实证检验和相互印证,形成研究结论,提出家族企业社会责任投资策略的最佳路径选择。选择作为家族企业社会责任投资典范的曹德旺家族的福耀集团为研究对象,分析福耀集团的社会责任投资策略,以期为其他家族企业提供有益的借鉴。另外,根据研究结论提出优化我国家族上市公司社会责任投资结构、提高其社会责任投资水平以促进企业价值提升和企业可持续发展以及助力共同富裕的对策建议。

二、研究内容

本书共有十章,基本内容如下。

第一章,绪论。本章从中国"扎实推进共同富裕"的重要时期以及目前中国家族企业社会责任投资不足、投资不平衡等现象及其对企业价值产生的不同影响等现实问题入手,提出企业社会责任研究领域亟须解决的问题——中国家族企业社会责任投资结构对其企业价值的影响及其社会责任投资策略的选择。为此，本章进一步阐述了研究意义、研究思路和研究内容，明确了本书研究需要解决的三个主要问题：家族企业社会责任投资各维度对企业价值提升的作用机理、家族企业社会责任投资结构和企业价值提升的理论模型构建、家族控制对家族企业社会责任投资及结构与企业价值提升关系的调节效应，并创新性地设计了相关研究方法。另外，提出了本书研究可能的贡献和创新点。

第二章，扎实推进共同富裕：一个迎面走来的新时代。本章首先梳理了马克思主义共同富裕观的科学内涵，提出共同富裕是马克思主义的基本价值追求，也是人类社会发展的客观要求，阐述了列宁和斯大林对共同富裕思想的实践探索；其次梳理了中国特色社会主义共同富裕观的演进历程，介绍了中国共产党早期领导人和毛泽东的共同富裕观，阐述了中国特色社会主义共同富裕观的形成和发展、成熟和完善；最后阐述了当前中国扎实推动共同富裕对家族企业的影响和要求，论述了共同富裕背景下家族企业的发展前途和方向、发展理念和方式，提出家族企业积极参与分配方式改革，在家族成员积极参与慈善公益事业的同时，推动企业承担其应有的社会责任。

第三章，家族企业社会责任研究的理论基础。本章梳理了新制度经济企业理论、家族企业理论以及企业社会责任相关理论，这些理论对本书后续的理论分析和模型构建有着重要的指导意义。

第四章，家族企业社会责任相关文献综述。本章从企业社会责任、家族企业社会责任投资、家族企业社会责任投资与企业价值的关系三个方面进行详述，然后针对研究现状进行文献评述，阐述当前研究领域取得的成就及存在的缺陷，进而提出本书研究的必要性。

第五章，中国家族企业社会责任履行的现状分析。本章首先结合学术界的研究对家族企业的概念进行了界定；其次梳理了中国家族企业的发展历程，并从其发展历程中总结出其企业价值的生成及其与其他企业的异同；最后通过收集资料阐述中国家族企业社会责任履行的状况，并归纳出其所具有的特点，为后续研究提供概念和数据支撑。

第六章，家族企业社会责任投资与企业价值：理论建模。本章主要通过理论分析阐述三个问题：一是家族企业社会责任投资各维度对企业价值提升的作用机理；二是家族企业社会责任投资结构对企业价值提升的作用机理；三是家族控制对家族企业社会责任投资及结构与企业价值提升关系的调节效应。在这些分析的基础上，提出了本书研究的理论模型和研究假设。

第七章，中国家族企业社会责任投资与企业价值：实证检验。本章采用分层回归法、机器学习法两种方法，分别检验了家族企业社会责任投资及其投资结构与企业价值的相关性，两种方法相互印证，形成了最终研究结论，为制定合理的家族企业社会责任投资策略提供数据支撑。

第八章，企业社会责任投资决策中的神经机制研究。基于家族企业创始人或实际控制人对家族企业各项决策的影响力，本章以个体为对象，以慈善捐赠作为企业社会责任投资的替代变量，研究了自愿捐赠和必须捐赠对捐赠决策的影响，分析检验了企业社会责任投资决策的神经反应，拓展了本领域的研究方法。

第九章，中国家族企业社会责任投资策略：案例研究。本章选择了作为家族企业社会责任投资典范的曹德旺家族的福耀集团为研究对象，进行案例研究，分析了福耀集团的社会责任投资策略，目的是给其他家族企业提供有益的借鉴，提高中国家族企业社会责任投资的整体水平。

第十章，研究结论、局限性和对策建议。本章首先提出本书的主要研究结论；其次根据研究结论提出提高家族企业社会责任投资水平、促进家族企业价值提升和家族企业可持续发展、助力共同富裕的对策建议；最后阐述本书研究的局限性，并提出后续的研究展望。

三、研究方法

本书采用定性和定量相结合、理论分析和实证检验相支撑的研究方法，具体包括文献研究与理论分析法、统计分析与实证检验法、案例分析与研究法三种。

（一）文献研究与理论分析法

本书首先通过 ScienceDirect、Web of Science、EBSCO、SCI-HUB、中国知网等学术网站检索和下载平台获取国内外相关文献，仔细研读，认真分析，熟悉有关家族企业社会责任领域的研究现状，发现其中存在的缺陷，确定本书研究主题。其次在与家族企业社会责任投资研究相关的国内外重要期刊例如家族企业评论（*Family Business Review*）、商业伦理（*Journal of Business Ethics*）、商业伦理季刊（*Business Ethics Quarterly*）、企业社会责任和环境管理（*Corporate Social Responsibility and Environmental Management*）、战略管理（*Strategic Management Journal*）、管理研究（*Journal of Management Studies*）、金融杂志（*Journal of Finance*）、会计评论（*The Accounting Review*）、经济研究、管理世界、会计研究、南开管理评论、外国经济与管理等上系统收集相关资料，结合现有中国家族企业社会责任投资与企业价值的研究进展，运用管理学、会计学、社会学的研究领域中的企业理论、资源基础理论、利益相关者理论、企业社会责任理论、社会情感财富理论等相关方法，定义关键变量，提出理论假设，构建概念模型。最后从企业社会责任投资的演变、特征、投资维度等，理论推演出家族企业社会责任投资各维度以及投资结构对企业价值的作用机理，并结合中国家族企业的治理结构等特征，分析家族控制对企业社会责任投资及结构和企业价值之间关系所起到的调节作用，进而构建家族企业社会责任投资与企业价值提升的理论模型。

（二）统计分析与实证检验法

根据构建的理论模型，结合和讯网企业社会责任评价系统评分和相关财务数据，对研究设计进行描述性统计，为了对理论模型进行相互印证，本书采用了以下三种方法进行实证检验。

1. 逐步分层回归分析方法。作为多元统计回归分析方法的一个分类，逐步分层回归分析方法可以建立多个相互关联的回归分析模型，其优势是可以很好地区分每个自变量对因变量的影响。本书采用该方法对家族企业社会责任投资结构与企业价值提升的相关性进行了检验。利用家族上市公司的企业社会责任数据和企业价值、家族控制、企业特征等财务数据，通过固定效应模型实证分析家族上市公司企业社会责任投资各维度和投资结构对企业价值的影响，同时运用调节效应模型实证检验家族控制在家族上市公司企业社会责任投资各维度和投资结构与企业价值之间关系的不同调节作用。

2. 机器学习研究方法。本书采用了机器学习研究方法对家族上市公司社会责任投资各维度及其投资结构与企业价值的相关性进行了预测和分析。机器学习的研究方法是对海量数据进行数值挖掘和分析处理的强大技术，在很多领域已经得到应用，例如医药、医疗诊断、工厂管理、广告投放等。近几年，在经济管理学领域许多学者也尝试使用机器学习方法进行学术研究。例如，有学者使用机器学习算法利用第三方数据对企业贷款意愿进行了分析和预测（朱晓丽等，2017），还有学者使用机器学习算法对中小企业信贷风险进行了研究（杨圣青，2019）。本书利用家族上市公司的企业社会责任数据和企业价值、家族控制、企业特征等财务数据，采用机器学习中的相关算法对家族上市公司企业社会责任投资各维度和投资结构与企业价值的相关性进行验证，并成功训练了可以对净资产收益率进行预测的模型。

3. 神经科学实验研究方法。由于家族企业中家族企业主个体特征对企业发展起关键作用，本书采用了实验研究法。社会科学中的实验研究法是通过有目的控制一定的条件或设计一定的情境，研究个体某些心理活动的一种研究方法。与调查问卷法相比，实验研究法能够较好地控制其他变量，更好地验证变量之间的因果关系。已有文献采用实验研究方法对企业社会责任问题进行实证分析，毕楠（2012）采用实验研究方法设计了情景实验，研究产品的介入度、感知匹配度、企业社会责任感知评价、企业声誉资本及消费者的认知情感和行为倾向等变量之间的因果关系，目的是揭示企业社会责任的价值创造机理。

本书采用实验研究方法检验自愿捐赠和必须捐赠两种不同捐赠情境下对个体慈善捐赠意愿之间的因果关系，运用神经科学研究工具中的事件相关定位（event-related potential，ERP）方法，获取个体慈善捐赠意愿及其决策时的脑活动及神经机制，为进一步分析家族企业主的企业社会责任投资意愿提供了一定实证支撑。

（三）案例研究法

案例分析法又称个案研究法，是对有代表性的事物（现象）深入地进行周密而仔细的研究从而获得总体认识的一种科学分析方法。本书选择堪称家族企业社会责任投资典范的福耀玻璃工业集团股份有限公司即曹德旺家族，分析其企业社会责任投资与企业价值提升的关系，验证家族企业社会责任各项投资及各投资结构对提升企业价值所起到的促进作用，从而进一步验证本书建立的理论模型。

第三节　主要贡献与创新点

本书研究可能的贡献与创新点主要体现在以下三个方面。

1. 提供了企业社会责任投资与企业价值之间关系研究的新视角。本书提出了企业社会责任投资结构的概念和分类，从家族企业社会责任投资结构与企业价值关系角度，探索家族企业针对股东、客户、员工、社会公众、政府、环境等的不同社会责任投资，如何影响企业价值的提升，并通过理论分析、实证检验和案例分析进行多角度验证，力求得到更为可靠的结论，从而为家族企业如何选择最优的社会责任投资、实现企业价值的持续提升和家族事业的基业长青提供参考和借鉴。

2. 提供了分析家族企业社会责任投资策略的理论框架。本书以"扎实推进共同富裕"下中国家族企业发展现状等为现实背景，以企业社会责任投资为切入点，按照"概念界定与现状分析—理论分析与模型构建—实证检验与案例分析"的思路，系统分析了企业社会责任投资结构对家族企业价值提升的影响，形成了分析企业社会责任投资结构对家族企业价值提升的作用理论框架，并通过实证分析得以检验，为学者后续开展研究提供了新的参考。

3. 多种研究方法实证分析有利于理论分析模型得到有效检验。本书研究除运用分层回归分析方法进行分析验证外，还采用两种新的研究方法进行相互印证和更进一步的探究：一是利用家族上市公司的企业社会责任数据和企业价值、家族控制、企业特征等财务数据，采用机器学习方法验证家族上市公司企业社会责任投资各维度和投资结构与企业价值的相关关系；二是采用神经科学实验研究方法，研究捐赠活动中个体意愿不同时的神经活动特点，验证意愿和回报对家族企业主投资决策的影响。

| 第二章 |

扎实推进共同富裕：一个迎面走来的新时代

共同富裕并非当下时代独创独有的概念，无论是在古代传统社会关于"桃花源"的构想中，还是在近代空想社会主义思潮的"乌托邦"里，抑或是在计划经济式社会主义的图景勾画和具体实践中，共同富裕都是理想社会和理想追求不可缺少的核心要素或特征之一。但当2021年夏天中国打赢了脱贫攻坚战、全面建成小康社会、宣布进入扎实推动共同富裕历史阶段时，一个全新的时代正在迎面走来，它注定要对所有身处其中的国有、集体和民营的市场主体产生深刻影响。

第一节　马克思主义共同富裕观的科学内涵

共同富裕作为被当下中国纳入全面社会实践的政治抉择和经济思想，既有确定具体的现实内涵和鲜明的时代特征，又有深厚的文化渊源和坚实的理论基础。如果说，中国古代"桃花源"和西方"乌托邦"里的共同富裕还都只是充满诗意情怀与美好愿望的凭空幻想，那么马克思主义共同富裕观则使共同富裕成为植根于社会发展规律的科学理论。

一、共同富裕是马克思主义的基本价值追求

共同富裕是作为马克思主义理论的基本价值追求与马克思主义基本理论观点同时诞生的，它既受到 19 世纪西欧资本主义经济发展和社会矛盾的深刻影响，又是对空想社会主义的批判性继承。① 马克思和恩格斯对共同富裕的论述，可以从马克思和恩格斯对资本主义的批判与对未来共产主义社会基本原则的阐述两个大的方面来理解。

首先，马克思和恩格斯基于社会基本矛盾即生产力与生产关系、经济基础与上层建筑的相互作用，探讨劳动者即无产阶级摆脱剥削和压迫的现实途径，批判了资本主义社会生产方式必然导致贫富两极分化、周期性经济危机和无产阶级的反抗斗争。一方面，"在一极是财富的积累，同时在另一极，即在把自己的产品作为资本来生产的阶级方面，是贫困、劳动折磨、受奴役、无知、粗野和道德堕落的积累"，以及周期性的经济危机，"在商业危机期间，每次不仅有很大一部分制成的产品被毁灭掉，而且有很大一部分已经造成的生产力也被毁灭掉了"②。另一方面，无产阶级越来越猛烈、越来越自觉地起来反抗资本的压迫，要求建立一个没有压迫、没有剥削、真正平等富裕的新社会。而资本主义始终无法克服自身危机，从而社会发展唯一的前途，就是通过生产力与生产关系即生产方式的变革，以及上层建筑领域的社会革命，使社会形态由资本主义发展到社会主义。即马克思和恩格斯深刻揭露两极分化是资本主义的根本弊病，认为未来社会主义社会必然也必须走向贫富两极分化的对立面——共同富裕。

其次，马克思和恩格斯在批判继承空想社会主义思想的基础上阐述未来理想社会即共产主义社会的基本特征。无论是在托马斯·莫尔的"乌托邦"岛上，还是在康帕内拉的"太阳城"里，社会财产都归集体所有，每个人都

---

① 张丹. 马克思恩格斯关于未来社会普遍富裕的思想及其当代启示 [J]. 理论视野, 2021 (12).

② 马克思恩格斯选集（第 2 卷）[M]. 北京：人民出版社, 2012：289 - 290.

从国家那里得到自己所需要的物质生活资料，过着富足无忧的生活；而英法空想社会主义的代表人物傅立叶、圣西门和欧文也都把生产资料公有制、人人平等、人人富足作为理想社会的基本标志。马克思和恩格斯批判继承了空想社会主义思想，大量吸收了他们关于未来社会构想的合理成分，创立了科学社会主义理论。在描述未来共产主义社会的特征时，马克思和恩格斯大量吸收了空想社会主义者对未来社会的设想，认为共同富裕是未来共产主义社会的基本价值属性和主要特征之一。

二、共同富裕是人类社会发展的客观要求

马克思和恩格斯不仅论证了共同富裕作为理想社会的基本价值属性的合理性，更阐明了实现这一理想社会的现实之路，即通过建立生产资料的社会主义公有制，大力发展生产力，进而使社会分配制度和人们的社会关系，从而也使社会意识形态包括人们的道德观念和整个精神世界发生革命性变革，使资本主义社会整体发展到社会主义阶段。恩格斯在《弗·恩格斯对英国北方社会主义联盟纲领的修正》一文中清楚表述了社会主义制度的优越性："我们的目的是要建立社会主义制度，这种制度将给所有的人提供健康而有益的工作，给所有的人提供充裕的物质生活和闲暇时间，给所有的人提供真正的充分的自由。"[①] 在这样的社会里，"通过社会化生产，不仅可能保证一切社会成员有富足的和一天比一天充裕的物质生活，而且还可能保证他们的体力和智力获得充分的自由的发展和运用"[②] 马克思也在《1857 – 1858 年经济学手稿》中写道："社会生产力的发展将如此迅速，以致尽管生产将以所有的人富裕为目的，所有的人的可以自由支配的时间还是会增加。"[③] 总之，由于社会主义生产资料公有制很好地解决了社会化大生产与生产资料私人占有制之间的矛盾，所以在社会主义制度下不仅实现了生产力比资本主义更快

---

①② 马克思恩格斯全集（第 21 卷）[M]. 北京：人民出版社，1995：570.
③ 马克思恩格斯全集（第 31 卷）[M]. 北京：人民出版社，1995：104.

的发展，而且克服了周期性经济危机对社会造成的极大破坏，同时实现了所有人的共同富裕和全面发展。

马克思和恩格斯明确提出，共同富裕即每个人都能够按照其需要分配物质生活资料的前提是社会生产力的高度发达，"生产力的这种发展……之所以是绝对必需的实际前提，还因为如果没有这种发展，那就只会有贫穷、极端贫困的普遍化；而在极端贫困的情况下，必须重新开始争取必需品的斗争，全部陈腐污浊的东西又要死灰复燃。"① 恩格斯在《共产主义原理》中指出，社会主义是实现共产主义的过渡阶段。在社会主义阶段，由于生产力发展水平的制约，还是以按劳分配为主要形式，因此，社会主义阶段的共同富裕还是共同富裕的初级状态，这一状态不可能是平均富裕状态，而只能是有差异的共同富裕状态，是社会平均的生活必需的部分消费资料的共同富裕状态。只有到了共产主义的高级阶段，生产力水平得到了极大提高，人们的生活资料才能实行"各尽所能、按需分配"。这种生产力水平高度发达和按需分配消费资料的状态，才是共同富裕完全实现的状态。

关于共同富裕对社会关系因而对人的本质的影响，马克思在《1844年经济学哲学手稿》中提出："到了共产主义社会，人以一种全面的方式，就是说，作为一个总体的人，占有自己的全面的本质。"即物质的共同富裕状态将带来资本主义生产分工和阶级对立所造成的人的本质的异化状态的结束，即必然带来人的全面发展，实现人们精神的共同富裕，而精神的共同富裕反过来必然带动物质共同富裕状态的完善和丰富。马克思、恩格斯在《共产党宣言》中对资本主义生产方式和上层建筑状态下的异化现象进行批判，认为在共产主义社会，"每个人的自由发展是一切人的自由发展的条件"，共产主义社会将是"自由人联合体"。在人们得到全面发展的、"自由人的联合体"的社会中，我们今天所担心的那种因贪得无厌的"人的本性"所导致的"富裕欲望永远无法满足"，因而共同富裕永远无法实现的"人性前提"，就得到了排除。

---

① 马克思恩格斯选集（第1卷）[M]. 北京：人民出版社，2012：166.

同时，马克思认为："任何一个民族，如果停止劳动，不用说一年，就是几个星期，也要灭亡。"其认为劳动是价值的根本源泉，劳动不但为人类提供物质生活资料，创造了人的物质生活，同时也为人的意识发展奠定了基础，创造了人的精神世界。劳动实现人之为人的自由本质，形成和发展了全部社会关系。而在资本主义雇用劳动制度下，"资本支配劳动的权力"，即使工人的收入会随着资本的增加而有所增加，但资本家的利润和工人的工资互成反比，因此，在资本主义生产方式下，共同富裕根本违背资本主义发展的内在要求，贫富分化不可避免。而一旦打碎了资本的枷锁，劳动不再以强迫的形式进行，劳动创造财富也同时创造人的本质力量，也就得到了现实的呈现。劳动的内容和形式会发生根本的变革，人们对劳动的态度和内在感受也将发生彻底的变化。

总之，马克思和恩格斯从唯物辩证法和唯物史观角度，论证了共同富裕是资本主义制度被否定和终结后社会发展的必然方向，同时论证了共同富裕必须建立在社会生产力高度发展、劳动生产率极大提高、劳动时间大为缩短、社会产品极大丰富，同时在人们的精神境界和道德观念发生革命性变革的基础上，明确了劳动是实现共同富裕的历史和逻辑前提，只有劳动成为每个人的第一需要，人们的社会关系和人的本质产生了革命性变革，完整的、全面的共同富裕状态才能实现。同时马克思和恩格斯也指出，共同富裕不可能一步到位，必然要经历"按劳分配"的社会主义阶段，这一阶段的共同富裕不可能是平均状态的共同富裕而只能是有差异的共同富裕。如果在生产力水平未具备时，盲目追求平均主义式的共同富裕，只能导致社会生产力的停滞，导致社会的普遍贫困化，导致社会全方位的倒退和旧有腐朽势力的死灰复燃。

三、列宁和斯大林对共同富裕思想的实践探索

列宁创立了帝国主义理论和社会主义"一国胜利"理论，并领导十月革命，创立了世界上第一个社会主义国家，使科学社会主义从理论变为实践。斯大林领导苏联社会主义建设近30年，领导了伟大的卫国战争，使苏联实

现了社会主义工业化，成为当时仅次于美国的世界第二大强国。在如何实现共同富裕问题上，列宁、斯大林进行了更深入的实践探索和理论论述。

首先，列宁、斯大林在继承马克思和恩格斯关于共同富裕是无产阶级的奋斗目标与未来共产主义社会基本特征的基础上，进一步提出了社会主义生产的目的就是保证最大限度地满足整个社会经常增长的物质文化需要的思想，明确了共同富裕在社会主义阶段的地位和实现路径。列宁指出，"新的、更好的社会里不应该有穷有富，大家都应该做工，共同劳动的成果不应该为一小撮富人享受，应该归全体劳动者享受"①，"只有社会主义才可能广泛推行和真正支配根据科学原则进行的产品的社会生产和分配，以便使所有劳动者过最美好、最幸福的生活。"② 斯大林也指出："社会主义不是要大家贫困，而是要消灭贫困，为社会全体成员建立富裕的和文明的生活。"③ 斯大林还把社会主义生产目的和达到目的的手段即实现共同富裕以及通过发展社会生产力实现共同富裕概括为"社会主义的基本经济规律"。

其次，列宁、斯大林基于苏联社会主义建设的现实实践，进一步论证了发展生产力才是保证社会主义制度胜利、实现共同富裕的前提和基础。列宁指出，"劳动生产率，归根到底是保证社会制度胜利的最主要的东西。"④ 所以当苏俄政府实行战时共产主义政策余粮征集制，引起农民为代表的广大老百姓极其不满并严重影响社会生产力时，列宁经过充分考虑，实行了新经济政策，以征收粮食税代替余粮收集制，并允许外资企业进入苏俄，恢复商品货币关系，使其发挥调节生产的作用，使小农经济占优势的苏俄，找到了向社会主义经济阶段过渡的道路，有效调动了生产积极性。列宁的新经济政策，充分说明列宁把生产力发展看作社会进步的最高标准，是社会发展的最根本力量，共同富裕只能建立在生产力发展的基础上。尽管后来斯大林出于优先发展重工业，以保证处于四敌环伺的苏联社会主义共和国首先能够生存

---

① 列宁全集（第7卷）[M]. 北京：人民出版社，1987：112.
② 列宁全集（第7卷）[M]. 北京：人民出版社，1987：356.
③ 斯大林选集（下）[M]. 北京：人民出版社，1979：337.
④ 列宁选集（第4卷）[M]. 北京：人民出版社，1987：16.

的考虑而取消了新经济政策，但斯大林也认为，"社会主义只有在社会生产力蓬勃发展的基础上，在产品和商品十分丰富的基础上，在劳动者生活富裕的基础上，在文化水平急剧提高的基础上才能建成。"①

最后，列宁、斯大林也都指出了社会主义阶段共同富裕的差异性以及劳动在实现共同富裕中的地位，并把共同富裕与社会主义计划经济制度和社会主义制度优越性联系起来。列宁指出，社会主义阶段还不能做到公平和平等，"因为富裕的程度还会不同，而不同就是不公平"②，"在社会主义制度下，全体工人、全体中农、人人都能在决不掠夺他人劳动的情况下完全达到和保证达到富足的程度。"③ 斯大林也指出，"如果我们诚实地劳动，为自己、为自己的集体农庄诚实地劳动，那么我们就能做到在短短两三年内把全体集体农庄庄员，不论是从前的贫民或从前的中农，提高到富裕农民的水平，提高到享有丰富产品并过着完全文明人的水平。"④

当然，由于历史的局限，斯大林把计划经济等同于社会主义，认为要实现共同富裕，必须通过强制推行生产资料高度公有化，采取最集中最统一的计划经济手段，推动生产力的发展；必须坚持与单一公有制相适应的按劳分配制度。生产资料所有制形式方面的局限性，连同在上层建筑层面上弱化党的领导、违背人民为本原则、维护特权阶层利益，导致了苏联社会主义模式的失败。这是苏联在探索社会主义和共同富裕道路方面留给我们的深刻教训。

第二节　中国特色社会主义共同富裕观的演进历程

马克思列宁主义是中国特色社会主义共同富裕观的理论基础，从毛泽东

---

① 斯大林全集（第13卷）[M]. 北京：人民出版社，1987：318.
② 列宁全集（第31卷）[M]. 北京：人民出版社，1987：89.
③ 列宁全集（第35卷）[M]. 北京：人民出版社，1987：470.
④ 斯大林选集（下）[M]. 北京：人民出版社，1979：323.

同志到邓小平同志，再到习近平同志，历代中国共产党人始终不忘共同富裕这一政治初心和根本价值追求，在理论和实践上对如何实现共同富裕进行了不懈探索，使共同富裕在 21 世纪 20 年代初期实现了理论深化、政策落地和实践展开的三者统一，使中国社会步入扎实推动共同富裕的崭新阶段。

一、中国共产党早期领导人的共同富裕思想

中国共产党自成立之日起就把消灭私有制、实现共产主义确立为最高理想，并以马克思列宁主义作为指导思想，马恩列斯关于共同富裕的思想必然深刻影响党的历代领导人和整个党的组织。早在 1915 年 9 月，党的主要创始人陈独秀就在其创办的《青年杂志》创刊号上撰文指出，"财产私有制虽不克因之遽废，然各国之执政及富豪，恍然于贫富之度过差，决非社会之福。"① 陈独秀认为，资本主义社会造成"雇人的游惰阶级（指资产阶级）和被雇的劳苦阶级的分离越发显著"，"是社会主义时代所不许的"。另外一位主要创始人李大钊也于 1923 年 11 月指出，"社会主义是要富的，不是要穷的，是整理生产的，不是破坏生产的"，"是使生产品为有计划的增殖，为极公平的分配"，社会主义"是使生产消费分配适合的发展，人人均能享受平均的供给，得最大的幸福。"②

二、毛泽东的共同富裕观

"共同富裕"这一概念最早明确出现在党的正规文献中是 1953 年。毛泽东主持起草的《中共中央关于发展农业生产合作社的决议》中指出，"为着进一步地提高农业生产力，党在农村中工作的最根本的任务，就是要善于用明白易懂而为农民所能够接受的道理和办法去教育和促进农民群众逐步联合

---

① 陈独秀. 法兰西人与近世文明 [J]. 青年杂志，1915（9）：15.
② 李大钊文集 [M]. 北京：人民出版社，1984.

组织起来，逐步实行农业的社会主义改造，使农业能够由落后的小规模生产的个体经济变为先进的大规模生产的合作经济，以便逐步克服工业和农业这两个经济部门发展不相适应的矛盾，并使农民能够逐步完全摆脱贫困的状况而取得共同富裕和普遍繁荣的生活。"① 1955 年，毛泽东在《关于农业合作化问题》的报告中第一次明确论述了共同富裕的内涵和实现共同富裕的路径。毛泽东指出，农村不实行农业合作社，继续实行个体农民所有制，农村中两极分化的现象必然日趋严重，只有实行农业合作化，才能实现共同富裕。② 1955 年底，毛泽东在约见工商界代表人物时指出，"现在我们实行这么一种制度，是可以走向更富更强的。这个富是共同的富；这个强是共同的强，大家都有份。"③

1956 年 4~5 月，毛泽东主持，刘少奇和周恩来等中央领导共同参与，通过充分调研，提出了中国社会主义建设的纲领性文件《论十大关系》，目的就是借鉴苏联的经验教训，探索一条适合我国实际的社会主义建设道路。处理这些重要关系，特别是处理重工业和轻工业、农业的关系，国家、生产单位和生产者个人的关系，以及沿海工业和内地工业的关系，经济建设和国防建设的关系，中央和地方的关系，汉族和少数民族的关系等，中央所采取的方针之一就是统筹兼顾，更多地注意发展农业、轻工业，更多地注意发展沿海工业，尽量降低军政费用比重，促进工业与农业、重工业与轻工业、城市与乡村等的协调均衡发展，充分调动各方面的积极性，努力早日建设成为强大的社会主义国家，实现共同富裕的社会主义新境界。

毛泽东关于共同富裕的思想主要包括三个方面：一是认为，中国共产党搞革命，就是为了实现共同富裕，而要实现共同富裕就必须走社会主义道路。毛泽东关于农业合作化、社会主义三大改造以及人民公社化等观点都是基于这一思想而产生的，而这一思想既来自对马克思主义科学社会主义理论

① 中共中央文献研究室. 建国以来重要文献选编（第4册）[M]. 北京：中央文献出版社，1993：661.
② 毛泽东文集（第6卷）[M]. 北京：人民出版社，1999：437.
③ 毛泽东文集（第6卷）[M]. 北京：人民出版社，1999：495.

的信仰，同时也是毛泽东自己对中国社会因严重贫富分化造成的人民悲惨境遇及制度根源的痛彻反思。二是认为，为了实现共同富裕必须发展生产力。中华人民共和国成立初期国民经济得到初步恢复后，毛泽东提出要优先发展重工业，并推进农业合作化运动，试图让农业合作化与重工业协同发展相互促进，以尽快实现我国生产力水平的整体快速提升；包括后来在全国范围内发动"大跃进"运动，其出发点也是通过鼓励激发群众积极性，实现生产力的快速发展和物质财富的快速增长。但由于在这一过程中急躁冒进，遭遇到挫折，加之国际形势异常严峻，使毛泽东把阶级斗争错估为当时的主要矛盾，使我国社会主义建设事业出现了重大曲折。三是认为，实现共同富裕需要进行长期的、艰苦的奋斗。无论是建立社会主义制度，还是发展生产力，都不是朝夕之间、一蹴而就便能够完成的。毛泽东判断中国要"赶英超美"、建成世界一流的社会主义现代化强国，要经过 10～15 个五年计划即 50～75 年的时间，在这一过程中，我们必须保持比美英等资本主义发达国家更快的发展速度，这无疑需要付出极其艰苦的努力。

尽管毛泽东对共同富裕道路的探索经历了严重的曲折，但他对在中国社会实现共同富裕，必须走社会主义道路，建立社会主义制度，必须大力发展生产力，实现工业化，必须经过长期艰苦的奋斗，必须推动各行各业各地区各方面特别是工业与农业、城市与乡村，东部与沿海等协同均衡发展的思想，历久弥新，时至今日，依然闪烁着深刻璀璨的真理之光。

三、中国特色社会主义共同富裕观的形成和发展

作为党的第一代领导集体的重要成员和第二代领导集体的核心，邓小平基于对新中国前 30 年党领导人民进行社会主义建设，实现共同富裕的得失的深切反思，同时总结改革开放前期的成功实践，深刻洞察东欧剧变、苏联解体的沉痛教训，提出并发展了中国特色社会主义理论，也逐步形成了中国特色社会主义共同富裕观，对共同富裕的价值地位特别是实践路径进行了系统、科学的理论阐述。

第一，邓小平始终坚持社会主义是要实现共同富裕，共同富裕是社会主义的本质要求，反复在重要场合阐明共同富裕是中国共产党领导社会主义事业的政治追求。1985年3月，邓小平在全国科技工作会议上指出："社会主义的目的就是要全国人民共同富裕，不是两极分化。"① 1990年12月，他又讲道："社会主义最大的优越性就是共同富裕，这是体现社会主义本质的一个东西。"② 1992年春天，邓小平在南方谈话中系统完整地阐述了关于社会主义本质的著名论断："社会主义的本质，是解放生产力，发展生产力，消灭剥削，消除两极分化，最终达到共同富裕。"③

第二，邓小平始终强调只有坚持社会主义公有制为主体才能实现共同富裕。"文化大革命"结束后，第三次复出的邓小平在深刻总结既往社会主义建设经验教训的基础上指出，社会主义公有制是不能动摇的。但与此同时，他对突破农村人民公社制度的家庭联产承包责任制也给予坚决支持。在他的推动下，中国共产党在所有制问题上实现了从单一公有制模式，到公有制为主体、多种所有制形式并存的中国特色社会主义所有制模式的理论跃迁。在此过程中，他始终把公有制为主体看作社会主义区别于资本主义的本质特征，坚持发展非公有制经济不会影响公有制，而是为了更好更有力地发展生产力，加强公有制经济。"我们采取的所有开放、搞活、改革等方面的政策，目的都是发展社会主义经济。我们允许个体经济发展，还允许中外合资经营和外资独营的企业发展，但是始终以社会主义公有制为主体。"④ 1984年6月，邓小平指出，"如果走资本主义道路，可以使中国百分之几的人富裕起来，但是绝对解决不了百分之九十几的人生活富裕的问题。而坚持社会主义，实行按劳分配原则，就不会产生贫富过大的差距。"⑤ 1985年9月，在党的全国代表会议上，他强调指出，"在改革中，我们始终坚持两条根本原

---

① 邓小平年谱 [M]. 北京：中央文献出版社，2020：330.
② 邓小平年谱 [M]. 北京：中央文献出版社，2020：622.
③ 邓小平年谱 [M]. 北京：中央文献出版社，2020：641.
④ 邓小平文选（第3卷）[M]. 北京：人民出版社，1993：110.
⑤ 邓小平文选（第3卷）[M]. 北京：人民出版社，1993：64.

则，一是以社会主义公有制经济为主体，一是共同富裕。"① 他强调公有制为主体的出发点，就是认为只有坚持公有制为主体，坚持社会主义道路，才能确保不出现两极分化，确保共同富裕的目标能够实现。

第三，邓小平坚持只有解放和发展生产力才能实现共同富裕。邓小平说："多少年来我们吃了一个大亏，社会主义改造基本完成了，还是'以阶级斗争为纲'，忽视发展生产力，'文化大革命'更走到了极端。"② 并指出"社会主义的首要任务是发展生产力，逐步提高人民的物质和文化生活水平"③。在南方谈话中，他明确提出："判断的标准，应该主要看是否有利于发展社会主义社会的生产力，是否有利于增强社会主义国家的综合国力，是否有利于提高人民的生活水平。"④ 在如何更好地解放和发展生产力方面，邓小平历史性地突破了把市场经济等同资本主义、计划经济等同社会主义的传统观念，明确指出："计划经济不等于社会主义，资本主义也有计划；市场经济不等于资本主义，社会主义也有市场。计划和市场都是经济手段"。"计划多一点还是市场多一点，不是社会主义与资本主义的本质区别。"⑤ 从而为中国特色社会主义现代化建设实现历史性突破、取得举世瞩目的辉煌成就奠定了思想和制度基础。

第四，邓小平站在唯物辩证法的高度对共同富裕的实现过程和路径进行了深刻论述。改革开放之初，他基于对社会主义建设经验教训的总结和对事物发展规律的深刻洞察，明确提出共同富裕既不可能是"齐步走"、吃"大锅饭"，也不可能是"大跃进"式的跨越。1983 年 1 月 12 日，邓小平在同国家计委、国家经委和农业部门负责同志谈话时指出，农村、城市都要允许一部分人先富裕起来，勤劳致富是正当的。但同时强调"一部分地区有条件先发展起来，一部分地区发展慢点，先发展起来的地区带动后发展的地区，

---

① 邓小平文选（第 3 卷）[M]．北京：人民出版社，1993：142.
② 邓小平文选（第 3 卷）[M]．北京：人民出版社，1993：141.
③ 邓小平文选（第 3 卷）[M]．北京：人民出版社，1993：116.
④ 邓小平文选（第 3 卷）[M]．北京：人民出版社，1993：372.
⑤ 邓小平文选（第 3 卷）[M]．北京：人民出版社，1993：373.

最终达到共同富裕。"① 邓小平还提出,解决先富带后富的"解决的办法之一,就是先富起来的地区多交点利税,支持贫困地区的发展。"② 包括发达地区通过技术转让支持不发达地区,对先富起来的人征收所得税,提倡先富的人自愿拿钱出来办教育、修路等。同时认为,在 20 世纪末达到小康水平的时候,就要突出地提出和解决贫富差距问题。

关于实现共同富裕的时间和步骤,邓小平提出了著名的"三步走"战略,即通过解放、发展生产力,快速提高劳动生产率,推动国民经济翻番式增长。第一步,到 1990 年,解决温饱问题;第二步,到 20 世纪末实现小康;第三步,到 21 世纪中叶,达到中等发达国家水平。"三步走"既是生产力不断实现质的飞跃的过程,也是人民生活水平不断提高的过程。"三步走"完成,共同富裕程度会有很大的提升,但依然存在巨大的发展空间,因为三步走目标达到,中国也只是达到中等发达国家水平,还远未实现全面共同富裕的目标。由此可见,邓小平对共同富裕实现的步骤和过程的论述,既洋溢了充分发挥主观能动性的奋斗激情,又充满了尊重客观规律性的科学理性。

第五,邓小平的共同富裕观体现了物质富裕与精神富有的统一。他指出:"我们要在建设高度物质文明的同时,提高全民族的科学文化水平,发展高尚的丰富多彩的文化生活,建设高度的社会主义精神文明。"③ 1985 年,他在全国共青团思想政治工作会议上提出,要加强和改进新时期青年思想政治工作,在四化建设的伟大实践中培养和造就一代有理想、有道德、有文化、有纪律的共产主义新人。在邓小平看来,年青一代不仅要通过解放发展生产力,过上富裕的物质生活,而且要成为"有理想、有道德、有文化、有纪律"的精神富有的共产主义新人。

总之,邓小平基于其参加和领导社会主义革命和建设实践的非凡经历,既忠诚坚守马克思主义关于共同富裕必须以坚持社会主义制度和发展生产力为基础的基本原则,同时通过对中外社会主义建设经验教训的深刻反思,以

---

①② 邓小平文选(第 3 卷)[M]. 北京:人民出版社,1993:374.
③ 邓小平文选(第 2 卷)[M]. 北京:人民出版社,1993:108.

深湛的唯物辩证法素养和人生阅历，作出了通过改革旧体制解放发展生产力推进共同富裕、通过让一部分人先富起来然后先富带后富最终实现共同富裕、通过物质富裕与培养"四有"新人相互促进实现共同富裕等深刻论断。在这些论断的指引下，中国社会发生了划时代的伟大变革，中国人民成功踏上了通往共同富裕的中国特色社会主义道路。

以江泽民为核心的中国共产党第三代中央领导集体把建立社会主义市场经济体制明确确立为我国经济体制改革目标，使共同富裕的实践路径更为科学更加坚实。党的十四大报告提出："运用包括市场在内的各种调节手段，既鼓励先进，促进效率，合理拉开收入差距，又防止两极分化，逐步实现共同富裕。"党的十四届五中全会通过的《中共中央关于制定国民经济和社会发展"九五"计划和2010年远景目标的建议》指出："要以邓小平同志关于让一部分地区、一部分人先富起来，逐步实现共同富裕的战略思想来统一全党的认识。实现共同富裕是社会主义的根本原则和本质特征，绝不能动摇。"第三代领导集体成员都在多种场合下强调，要长期坚持邓小平先富带后富、逐步实现共同富裕的思想。同时在政策和实践层面，坚定推进扶贫攻坚、希望工程、西部大开发和促进社会公平的各项事业。

21世纪伊始，江泽民代表党中央提出了"三个代表"重要思想，强调党要始终代表中国先进生产力的发展要求、始终代表中国先进文化的前进方向、始终代表中国最广大人民的根本利益，其根本宗旨就体现为要通过快速提高生产力水平和推进文化建设实现最广大人民的共同富裕，"三个代表"重要思想内在地包含着共同富裕的基本要求和实现路径。

2003年，胡锦涛代表党中央提出科学发展观，明确指出，"要始终把实现好、维护好、发展好最广大人民的根本利益作为党和国家一切工作的出发点和落脚点，尊重人民主体地位，发挥人民首创精神，保障人民各项权益，走共同富裕道路，促进人的全面发展，做到发展为了人民、发展依靠人民、发展成果由人民共享。"① 2006年，党的十六届六中全会提出"社会和谐是

---

① 十七大以来重要文献选编（上）［M］. 北京：中央文献出版社，2009：12.

中国特色社会主义的本质属性"，要"实现全面建设惠及十几亿人口的更高水平的小康社会的目标，努力形成全体人民各尽其能、各得其所又和谐相处的局面。"党的十七大报告进一步提出："努力使全体人民学有所教、劳有所得、病有所医、老有所养、住有所居，推动建设和谐社会。"

科学发展观和谐社会理念的提出，使共同富裕的构成要素更加具体、更为落地、更富有操作性，并使物质富裕与精神富裕在更高程度上统一体现为人的全面发展，同时也进一步明确了共同富裕的内涵和实践路径，进一步彰显了中国特色社会主义共同富裕的科学性、实践性、人民性。在推进共同富裕的具体实践中，2005 年 10 月召开的党的十六届五中全会，提出要建设社会主义新农村，之后实施了一系列支农惠农政策。2005 年 12 月 29 日，十届全国人大常委会第十九次会议决定废止《中华人民共和国农业税条例》。同时，在继续大力实施西部大开发的同时，进一步实施振兴东北地区老工业基地，促进中部地区崛起，支持东部地区率先发展，区域发展不平衡问题得到逐步缓解，使全国各族人民共享经济社会发展成果的理念得到了扎实的贯彻实施。

四、中国特色社会主义共同富裕观的成熟和完善

中国特色社会主义共同富裕观的成熟和完善，是在我国经过 30 多年改革开放、生产力水平和国家综合实力得到较大提高、已发展成为世界第二大经济体但国内贫富差距逐步拉大并导致党风廉政和社会风气持续恶化的背景下逐步完成的。

2012 年 11 月 15 日，习近平在当选党的总书记后的首次中外记者见面会上庄严宣示："我们的责任，就是要团结带领全党全国各族人民，继续解放思想，坚持改革开放，不断解放和发展社会生产力，努力解决群众的生产生活困难，坚定不移走共同富裕的道路。"[1] 在两天后十八届中央政治局第一次

---

[1] 十八大以来重要历史文献选编（上）[M]. 北京：中央文献出版社，2014：70.

集体学习会上，他又指出："共同富裕是中国特色社会主义的根本原则，所以必须使发展成果更多更公平惠及全体人民，朝着共同富裕方向稳步前进。"① 在之后的许多重要场合，习近平总书记不断地提出和阐发关于共同富裕的新观点、新内容，持续推动全党全社会重视认同共同富裕观念，推动共同富裕实践走深走实。

共同富裕全面推进的逻辑前提是消除绝对贫困，全面建成小康社会。作为世界上人口最多的发展中国家，在过去相当长的历史时期里，贫困一直困扰着中华民族。中华人民共和国成立后，特别是改革开放以来，党和政府实施了有计划、有组织的大规模扶贫开发，使6亿多人脱贫，成为全球首个实现联合国千年发展目标贫困人口减半的国家。国家统计局根据全国7.40万户农村住户调查样本数据推算，到2013年底中国还有8249万农村贫困人口，但实际贫困人口可能不止于此。同时长期以来扶贫帮扶工作存在许多盲点，扶贫资金被挪用滥用乃至贪腐的现象时有发生，导致一些真正的贫困农户和贫困居民没有得到帮扶。

为改变扶贫工作一直存在的贫困居民底数不清、具体情况不明、扶贫针对性不强、扶贫资金和项目指向不准等诸多问题，加快打赢扶贫攻坚战，2013年11月，习近平总书记在湖南湘西考察时首次提出"精准扶贫"，之后又进一步丰富深化"精准扶贫"内涵，使这一理念成为指导扶贫工作的重要方针，也为实现全面建成小康社会目标奠定了思想基础。2015年11月27～28日，中央扶贫开发工作会议在北京召开。习近平总书记强调，"消除贫困、改善民生、逐步实现共同富裕，是社会主义的本质要求，是中国共产党的重要使命。"② 把马克思主义的共同富裕思想与中华优秀传统文化联系起来，使时代精神深深扎根于民族文化的丰厚土壤。11月29日，中共中央国务院发布《关于打赢脱贫攻坚战的决定》，提出确保到2020年农村贫困人口实现脱贫，是全面建成小康社会最艰巨的任务。

---

① 十八大以来重要历史文献选编（上）[M]. 北京：中央文献出版社，2014：79.
② 十八大以来重要历史文献选编（下）[M]. 北京：中央文献出版社，2018：31.

在此过程中，对如何推进共享发展和如何处理"分蛋糕和做蛋糕的关系"这一重大问题，2016 年 1 月 18 日，习近平总书记在省部级主要领导干部学习贯彻党的十八届五中全会精神专题研讨班上的讲话指出："一口吃不成胖子，共享发展必将有一个从低级到高级、从不均衡到均衡的过程，即使达到很高的水平也会有差别。我们要立足国情、立足经济社会发展水平来思考设计共享政策，既不裹足不前、铢施两较、该花的钱也不花，也不好高骛远、寅吃卯粮、口惠而实不至。"① 针对社会上认为贫富差距是主要矛盾，因而"分好蛋糕比做大蛋糕更重要"，主张分配优先于发展的观点，习近平总书记强调指出，"这种说法不符合党对社会主义初级阶段和我国社会主要矛盾的判断。党的十八大提出准备进行具有许多新的历史特点的伟大斗争，是为了毫不动摇坚持和发展中国特色社会主义，不是不要发展了，也不是要搞杀富济贫式的再分配。"②

2017 年 10 月 18 日，在党的十九大报告中，习近平总书记指出，要动员全党全国全社会力量，坚持精准扶贫、精准脱贫，强化党政一把手负总责的责任制，注重扶贫同扶志、扶智相结合，深入实施东西部扶贫协作，重点攻克深度贫困地区脱贫任务，确保到 2020 年我国现行标准下农村贫困人口实现脱贫，贫困县全部摘帽，解决区域性整体贫困，做到脱真贫、真脱贫。党的十九大报告对实现共同富裕目标也提出更为明确的时间和步骤，即到 2035年，"人民生活更为宽裕，中等收入群体比例明显提高，城乡区域发展差距和居民生活水平差距显著缩小，基本公共服务均等化基本实现，全体人民共同富裕迈出坚实步伐"；到 2050 年，"全体人民共同富裕基本实现，我国人民将享有更加幸福安康的生活"。

2017 年 10 月 25 日，习近平总书记在十九届中央政治局常委同中外记者见面会上的讲话强调，"全面建成小康社会，一个也不能少；共同富裕路上，一个也不能掉队。我们将举全党全国之力，坚决完成脱贫攻坚任务，确保兑

---

① 习近平谈治国理政（第二卷）[M]. 北京：外文出版社，2017：214 - 216.
② 习近平关于社会主义经济建设论述摘编 [M]. 北京：中央文献出版社，2017.

现我们的承诺。"2018年1月2日、6月26日，中共中央、国务院先后印发《关于实施乡村振兴战略的意见》《乡村振兴战略规划（2018－2022年）》。6月15日，中共中央、国务院印发《关于打赢脱贫攻坚战三年行动的指导意见》。

2020年10月召开的党的十九届五中全会提出要"扎实推动共同富裕"，把"人民生活更加美好，人的全面发展、全体人民共同富裕取得更为明显的实质性进展"作为2035年基本实现社会主义现代化远景目标的重要内容。在省部级主要领导干部学习贯彻党的十九届五中全会精神专题研讨班开班式上，习近平总书记指出"实现共同富裕不仅是经济问题，而且是关系党的执政基础的重大政治问题"。2020年12月28日，习近平总书记在中央农村工作会议上讲话强调，全党务必充分认识新发展阶段做好"三农"工作的重要性和紧迫性，坚持把解决好"三农"问题作为全党工作重中之重，举全党全社会之力推动乡村振兴。2021年1月4日，中共中央、国务院印发《关于全面推进乡村振兴加快农业农村现代化的意见》。

经过全党全国人民的共同努力，2021年2月25日，在全国脱贫攻坚总结表彰大会上，习近平总书记宣告，我国脱贫攻坚战取得了全面胜利，现行标准下9899万农村贫困人口全部脱贫，832个贫困县全部摘帽，12.8万个贫困村全部出列，区域性整体贫困得到解决，完成了消除绝对贫困的艰巨任务。我国提前10年实现《联合国2030年可持续发展议程》减贫目标，为全球减贫事业作出了重大贡献。2021年7月1日，习近平总书记在庆祝中国共产党成立100周年大会上庄严宣告，我们在中华大地上全面建成了小康社会。

与此同时，2021年5月20日，党中央、国务院印发《关于支持浙江高质量发展建设共同富裕示范区的意见》。2021年6月10～11日，浙江省委十四届九次全体（扩大）会议审议并原则通过《浙江高质量发展建设共同富裕示范区实施方案（2021－2025年）》，强调要坚决扛起政治责任，为全国实现共同富裕先行探路。

2021年8月17日，在中央财经委员会第十次会议上，习近平总书记围绕共同富裕发表重要讲话。习近平总书记在讲话中全面阐述共同富裕的科学内涵，提出了推进共同富裕的战略步骤、基本原则、总体思路和重大举措，再次强调共同富裕是社会主义的本质要求，是中国式现代化的重要特征，要坚持以人民为中心的发展思想，在高质量发展中促进共同富裕；强调共同富裕是全体人民的富裕，是人民群众物质生活和精神生活都富裕，不是少数人的富裕，也不是整齐划一的平均主义；提出要分阶段促进共同富裕：到"十四五"末，全体人民共同富裕迈出坚实步伐，居民收入和实际消费水平差距逐步缩小，到 2035 年，共同富裕取得更为明显的实质性进展，到 21 世纪中叶，全体人民共同富裕基本实现。

习近平总书记指出，改革开放后，我们党深刻总结正反两方面历史经验，认识到贫穷不是社会主义，打破传统体制束缚，允许一部分人、一部分地区先富起来，推动解放和发展社会生产力。党的十八大以来，党中央把握发展阶段新变化，把逐步实现全体人民共同富裕摆在更加重要的位置上，推动区域协调发展，采取有力措施保障和改善民生，打赢脱贫攻坚战，全面建成小康社会，为促进共同富裕创造了良好条件。现在，已经到了扎实推动共同富裕的历史阶段。

习近平总书记这一重要讲话标志着中国特色社会主义共同富裕观在理论上的成熟和完善，同时也在实践层面上宣告，一个扎实推动共同富裕的新时代正在迎面走来，必将对中国社会的每个人、每个市场主体产生划时代的影响。

第三节　扎实推动共同富裕对家族企业的影响和要求

扎实推动共同富裕必将引发深刻的社会制度和环境变革，这种变革可能是缓慢和逐步发生的，但其影响却一定是全方位和持久性的。研究这些变革的核心、方向和边界，把握相关制度对家族企业的影响和要求，对家族企业明确自我发展方向和地位以及确保企业长久健康发展具有重要意义。

根据党中央和习近平总书记关于扎实推进共同富裕的战略部署，"十四五"规划和 2035 年远景目标纲要主要从以下方面推进共同富裕：一是坚持人民主体地位，坚持共同富裕方向；二是全体人民共同富裕取得更为明显的实质性进展；三是建设共同富裕示范区；四是制定促进共同富裕行动纲要，自觉主动缩小地区、城乡和收入差距；五是持续提高低收入群体收入，扩大中等收入群体。我们认为，扎实推动共同富裕对家族企业的影响和要求主要体现在以下方面。

一、共同富裕背景下家族企业的发展前途和定位

习近平总书记在中央财经委员会第十次会议的讲话中明确把"坚持基本经济制度"作为促进共同富裕必须坚持的基本原则之一。我国《宪法》第六条第二款规定，"国家在社会主义初级阶段，坚持公有制为主体、多种所有制经济共同发展的基本经济制度，坚持按劳分配为主体、多种分配方式并存的分配制度。"习近平总书记在强调"坚持基本经济制度"原则时明确指出，要立足社会主义初级阶段，坚持"两个毫不动摇"。

所谓"两个毫不动摇"，即"毫不动摇巩固和发展公有制经济，毫不动摇鼓励、支持、引导非公有制经济发展"。"两个毫不动摇"在党的十六大上正式提出，党的十八大以来又不断强调重申。党的十八届三中全会强调，公有制经济和非公有制经济都是社会主义市场经济的重要组成部分，都是我国经济社会发展的重要基础；公有制经济财产权不可侵犯，非公有制经济财产权同样不可侵犯；国家保护各种所有制经济产权和合法利益，坚持权利平等、机会平等、规则平等，废除对非公有制经济各种形式的不合理规定，消除各种隐性壁垒，激发非公有制经济活力和创造力。党的十九大则把"两个毫不动摇"写入新时代坚持和发展中国特色社会主义的基本方略，作为党和国家一项大政方针进一步确定下来。因此，可以说，在未来推进共同富裕的历史进程中，家族企业作为非公有制经济，其受到平等保护和支持的法律地位是不会改变的。

习近平总书记在论述"坚持基本经济制度"时强调，要大力发挥公有制经济在促进共同富裕中的重要作用，同时要促进非公有制经济健康发展、非公有制经济人士健康成长。要允许一部分人先富起来，同时要强调先富带后富、帮后富，重点鼓励辛勤劳动、合法经营、敢于创业的致富带头人。靠偏门致富不能提倡，违法违规的要依法处理。因而也可以设想，会有促进非公有制经济健康发展、非公有制经济人士健康成长、打击违法违规、限制靠偏门致富的相关制度措施陆续出台。靠辛勤劳动、合法经营、创新创业获得发展的家族企业，尤其能够主动承担社会责任，乐于"先富带后富、帮后富"的企业和家族，将更能得到政府和社会的褒奖和支持，获得更好的发展机遇和发展资源，也将得到更高的社会声誉和社会地位。

二、共同富裕背景下家族企业的发展理念和方式

2015 年 10 月 29 日，习近平总书记在党的十八届五中全会第二次全体会议上的讲话中提出了创新、协调、绿色、开放、共享的新发展理念。之后多次强调新发展理念是"指挥棒、红绿灯"，是对经济社会发展最重要、最主要的理念。2018 年 3 月 11 日，第十三届全国人民代表大会第一次会议通过中华人民共和国宪法修正案，在序言部分，在"自力更生，艰苦奋斗"之前增写了"贯彻新发展理念"。应当说，促进共同富裕既是新发展理念的题中之义，也是新发展理念的根本宗旨所在；新发展理念中既以"共享"体现共同富裕要求，又以"创新、协调、绿色、开放"设计了实现共同富裕的实践路径。对家族企业来说，只有自觉贯彻新发展理念，才能为企业找到健康可持续发展的康庄大道。

第一，坚持创新发展理念。目前，创新已成为我国现代化建设的核心，科技自立自强已经成为国家发展的战略支撑，科技创新已成为实现经济可持续发展和共同富裕的关键。家族企业也要把创新作为企业发展的核心理念，推动企业的技术创新、思想创新、体制创新、经营创新，重点是推动和保持

技术创新，既可提高生产效率，降低生产成本，又能使企业成为国家经济发展不可缺少的力量；同时要保持思想创新，努力推动企业管理和经营的不断创新，始终保持正确方向和领先优势，不断增强企业凝聚力和市场竞争力。

第二，坚持协调发展理念。协调好企业发展过程中涉及的各种关系，包括企业与员工、政府、客户、社会公众、社区组织、自然环境，以及家族内部成员之间的关系，也包括家族成员的生活与企业再生产和可持续发展的关系等。只有坚持协调发展理念，才能为企业发展创设培育良好的内外部环境，使企业去除内耗外损，保持安定祥和、轻装上阵的精神状态，实现持久健康发展。

第三，坚持绿色发展理念。绿色发展理念坚持以人与自然和谐为价值取向，以绿色低碳循环为主要原则，强调社会经济发展与自然生态系统良性循环。2020年，以习近平同志为核心的党中央，从谋中华民族永续发展大计、共建人类命运共同体的战略和道义高度出发，经过深思熟虑作出了力争2030年前实现碳达峰、2060年前实现碳中和的重大战略决策。这一决策必将推动我国经济社会发展和人们生产生活方式向全面绿色低碳转型。家族企业必须逐步剥离舍弃过去的低能效、高耗能、高成本产业，以科技创新为支撑，逐步加大科技创新投入，以生态化、绿色化、无害化为目标，逐步实现企业转型升级，推进企业实现可持续发展。

第四，坚持开放发展理念。改革开放是我国的基本国策，习近平总书记强调，"中国开放的大门不会关闭，只会越开越大"。对于家族企业来说，坚持开放理念具有更为具体更为宽泛的内涵。首先，要看到经济全球化是不可改变的历史潮流，即使一段时间内少数害怕失去优势地位的老牌发达国家积极推动脱钩，甚至极力孤立中国，但生产力发展的客观要求和中国的日益强大，最终将使经济全球化以更深、更广、更高水平的方式重新回归。因此，家族企业要在国家国内双循环大战略布局下，既审时度势科学决策，又保持开放的胸襟和眼光，始终积极学习吸收国内外先进技术和管理经验，从全球化视野规划产业布局。其次，要坚持以开放视野培养企业接班人，健康顺利实现代际传承。中国有句老话说"富不过三代"。改革开放以来，我们也都亲眼见到无数风光无限的家族企业，因代际传承失败而走向平庸乃至分崩离析。因此，家族企业要以开放的眼光和胸襟培养好、选择好企业接班人和新一代经营者，培养家族新一代有国际视野、开放胸襟和再创业能力，以保证企业突破"魔咒"，实现长久健康发展。

第五，坚持共享发展理念。共享发展理念主张人人参与发展、大家共同享有发展成果。就全社会范围而言，就是要让全体人民共享发展成果，把实现人民幸福作为发展的目的和归宿，共享发展理念以公平正义作为价值取向和本质要求。家族企业要坚持共享发展理念，首先，要将社会责任和公平正义意识融入企业精神，自觉牢固树立发展成果共享的观念，把为国家纳税、为社会创造就业岗位、为员工提供优厚的工资福利待遇、为客户提供超值的产品和服务，作为企业理所应当、义不容辞的责任，把自己的经营所得用于社会公益、社会慈善，作为企业家的荣耀和人生价值的体现。其次，要在企业内部培育共享发展理念，让企业员工在强化效率意识、保持创新开拓的同时，也树立共享观念，培育效率与公平相统一的思想理念；同时适当缩小企业内部的收入差距，并在企业力所能及的前提下，为所有企业员工提供全面可靠的生活保障，舒缓当下社会和企业中普遍存在的压力过大、内卷激烈的不健康状况，培育自然、健康、愉悦、奉献、合作的员工心态，培育鼓励创新、适合创新的企业文化，使企业成为责任观强、凝聚力强、创新力强、引领社会文化、富有时代精神的新时代企业。

其实，新发展理念与企业社会责任（corporate social responsibility，CSR）理论的要求存在着大量的一致性。作为在中国大地上成长发展的市场主体，家族企业既要从国际市场的客观情况出发，根据企业社会责任理论要求、约束、规范企业行为，更要自觉贯彻新发展理念，推动企业更好地发展壮大，也更好地实现企业价值和家族成员的人生价值。

三、第三次分配和分配方式变革对家族企业的影响和要求

三次分配（第三次分配）这一概念是 20 世纪 90 年代由著名经济学家厉

以宁提出的。第一次分配是根据市场法则按生产要素所进行的分配；第二次分配是由政府把人们从市场取得的收入，以税收或扶贫形式进行再分配；第三次分配则是按自愿原则，以募集、捐赠和资助等慈善公益方式对社会资源和财富进行的分配。三次分配理念后来被党中央接受，写进了党的十九届四中全会决定。中央财经委员会第十次会议提出要构建初次分配、再分配、三次分配协调配套的基础性制度安排。"十四五"规划和2035年远景目标纲要则进一步明确提出，要坚持按劳分配为主体、多种分配方式并存，提高劳动报酬在初次分配中的比重，健全工资合理增长机制，着力提高低收入群体的收入，扩大中等收入群体；要完善再分配机制，加大税收、社保、转移支付等调节力度和精准性；要发挥第三次分配的作用，发展慈善事业。

三次分配和分配方式变革对家族企业的影响和要求主要体现在以下三个方面。

首先，初次分配中要逐步提高劳动报酬所占的比重。改革开放以来，由于我国劳动力市场长期处于供过于求的状态，我国劳动报酬占初次分配的比重一直低于世界平均水平，不仅远低于发达国家，而且低于大部分发展中国家，尤其20世纪末到21世纪初期的一二十年间，劳动报酬所占的比重处于下降趋势。经济高速发展，而劳动者的收入却始终赶不上经济增长的速度。在这一过程中，资本收入和政府税收所占比重长期处于较高状态。可以说，国家经济的繁荣和各类企业包括家族企业的快速成长，劳动者作出了巨大的贡献和牺牲。经济学理论和其他国家经济发展的实践证明，在人均国内生产总值（GDP）达到一定水平后，国内生产总值中劳动力报酬部分的增长将逐步提高，这是经济发展到一定阶段的必然结果。

随着劳动力市场的供求变化、经济发展阶段的要求以及共同富裕的呼唤，劳动报酬所占比重需要进一步提高。家族企业要看到这一趋势，要化被动而主动，积极创造条件提高劳动者报酬。其实，家族企业也要明白一点，靠过度压低劳动者报酬来维持企业发展，必然降低企业技术创新和管理创新的动力；自觉顺应大势，反过来会激发企业创新创造实现转型升级的积极性，也会有效提高选择劳动力的主动权，赢得更好的市场声誉，最终推动企业更好地提高市场竞争力和可持续发展能力。

其次，再分配（二次分配）要主动照章纳税，把为国纳税作为企业价值的重要体现。通过二次分配，政府获得更多的财力平衡不同社会群体之间的生活水平，促进社会公平，实现社会祥和稳定发展，同时向全社会提供更优良的教育、健康、养老、交通通信等基本公共服务，推动社会物质文明和精神文明实现整体提升。当然部分发达国家的实践也证明，政府税负必须保持合理水平，如果二次分配所占比重过高，会导致养懒人、抑制企业和社会成员竞争发展的动力，同时会导致财政不堪重负，失去再平衡和再发展的能力，最终影响社会的可持续发展。

对于家族企业来说，一方面，要看到国家打击偷税漏税的力度和能力在不断强化，目前金税工程四期建设正式启动，"以票管税"在向"以数治税"精准监管转变，监管部门借助大数据可以对企业经营进行全过程全环节监控，大数据强监管时代已经到来。另一方面，我国企业的税负近年来在持续降低。从宏观上看，从 1995 年开始，尤其是 2005 年以后，我国的宏观税负一路上升，至 2015 年达到 29%。2016 年 7 月后，国家推出大规模减税降费政策，特别是实行了"营改增"，允许企业在各个流转环节按照增值额缴纳增值税，在一定程度上减轻了企业税负。从全世界范围来看，我国的宏观税负总体并不高，一些发达国家如瑞典、挪威、丹麦、法国的宏观税负在40% 左右。同时，国家为了支持中小企业、制造业企业和高科技企业的发展，也会持续降低这类企业的税费负担。

最后，要积极参与第三次分配，努力成为中国特色社会主义慈善家。从中华人民共和国成立到改革开放前的近 30 年中，慈善一直不被看好，慈善家也被当作伪君子。随着"国门"打开，社会捐赠尤其是海外捐赠的不断增加，社会对慈善的态度逐步改变。1994 年"中华慈善总会"成立，"第三次分配"的概念被提出，慈善事业在社会经济发展中的作用得到社会和政府的承认。2004 年，党的十六届四中全会提出"健全社会保险、社会救助、社会福利和慈善事业相衔接的社会保障体系"，首次将慈善事业作为社会保障体系的重要组成部分。2005 年，《中国慈善事业发展指导纲要（2006 - 2010

年)》发布，2016 年，《中华人民共和国慈善法》出台，2021 年，党中央发出扎实推动共同富裕的动员令，再次突出强调第三次分配，强调慈善在推动共同富裕中的重要作用，这表明第三次分配和慈善事业正在迎来历史性的大发展时代。

那么家族企业应如何看待第三次分配呢？我们认为，可以从以下三点来把握。

一是第三次分配是基于自愿原则，绝不是"杀富济贫""强捐强要"。2022 年 1 月 17 日习近平主席在北京出席世界经济论坛视频会议发表讲话时指出，中国要实现共同富裕，但不是搞平均主义，而是要先把"蛋糕"做大，然后通过合理的制度安排把"蛋糕"分好。中国特色社会主义的共同富裕是差别富裕，但不是同等富裕、同步富裕，绝对不会采取杀富济贫的方式。马克思主义指导下的中国特色社会主义共同富裕观始终坚持高质量推动生产力发展是实现共同富裕的根本基础和历史前提，中国社会已经形成这样的共识：杀富济贫的最终结局只能是社会动荡和共同贫穷。因此，家族企业对共同富裕和第三次分配完全不要有惶恐感。

二是积极参与慈善事业将极大助力企业价值和市场竞争力的提升。近年来"鸿星尔克爆红事件"就是一个很好的证明。鸿星尔克是一家总部位于厦门的运动服饰企业，一直奉行"取之社会、回馈社会"的理念，对内关心关怀员工，被誉为"十佳年度雇主"及"全国模范劳动关系和谐企业"，对外长期支持慈善公益事业，在汶川地震、新冠肺炎疫情、北京冬奥会等关键时刻坚持低调捐款，获得了良好的社会声誉，获得"中国 500 最具价值品牌""亚洲品牌 500 强"等殊荣，品牌价值一跃突破 200 亿元。还有"玻璃大王"曹德旺，30 多年累计个人捐款 110 亿多元，企业和家族都获得极高社会声望，2009 年登顶有企业界奥斯卡之称的"安永全球企业家大奖"，2018 年 9 月入选"世界最具影响力十大华商人物"，2021 年 2 月 8 日，曹德旺获评 2020 年十大经济年度人物，2021 年 5 月，他捐资筹建的"福耀科技大学"落地福建福州。当然企业发展的核心竞争力还是企业的产品、技术、服务、管理等，但积极担当社会责任，会极大助力企业市场影响力和竞争力的提升。

三是积极参与慈善奉献于共同富裕事业是家族成员人生价值的更高体现。人生在世，其价值表现为自我价值和社会价值的统一。自我价值是个体生存发展所必需的，它来自个体对自我需求满足的评价。但人的需求是有层次的。按照马斯洛的需求层次理论，人的需求由低到高分为生存、安全、社交、尊重和自我实现五个层次（马斯洛晚年又提出人还存在更高的超越需求层次，即献身社会或某项事业的"无我"层次），而且人的较低层次的需求满足之后，会产生更高层次的需求，如果没有更高的需求，那么较低需求带给人的满足感和幸福感会因需求的满足而递减乃至最终丧失。而越是高层次的需求，对人的社会价值的依赖就越高。例如安全需求的满足，就比生存需求更依赖个体与其他社会成员的关系，社交和尊重需求的满足，明显地来自个体对他人和社会的价值，而自我实现需求和更高的超越需求的满足，主要就体现为个体行为对社会的贡献和影响力。

家族企业是企业中的特殊群体。在现代企业制度体系下，大部分家族企业虽然在财产所有权上与家族成员个人资产有明确的界限，但企业的行为和市场价值，与家族成员的行为和人生价值却具有难以分割的联系。企业自觉承担社会责任与家族成员积极参与社会慈善公益，会使双方获得双倍的收益和回报。可以说，家族企业和家族成员的慈善公益行为，不仅会使企业受益，也会给家族和家族成员带来相应的社会尊重、社会声誉，帮助其在更高平台上实现事业抱负和人生理想。

总之，扎实推动共同富裕，不会改变家族企业在中国的发展前景和社会地位，家族企业与其他非公有制企业一样，是社会主义市场经济的重要组成部分，无论是家族财产还是企业经营都能够得到坚实可靠的法律保障。但国家通过高质量发展推进共同富裕的战略决策，要求包括家族企业也必须与其他企业一样，要尽快转换思路和观念，自觉树立创新、协调、绿色、开放、共享的新发展理念，以实现企业的可持续发展；要积极参与分配方式改革，在家族成员积极参与慈善公益事业的同时，推动企业承担其应有的社会责任。本书的主要内容就是从企业财务的视角，探讨如何优化企业社会责任投资结构，使企业资金更科学、更合理地用于企业自身发展以及不同领域社会责任的履行，更有效地提高企业核心竞争力，更好地实现企业市场价值与家族成员人生价值的统一。

| 第三章 |

家族企业社会责任研究的理论基础

家族企业和企业社会责任有其相关的理论基石，主要涉及新制度经济学企业理论（包括交易成本理论、企业产权理论、团队生产理论等）、家族企业相关理论（包括委托代理理论、现代管家理论、社会情感财富理论、现代企业成长理论等）和企业社会责任相关理论（包括资源基础理论、利益相关者理论、可持续发展理论等）等方面的理论，这些理论对家族企业社会责任的研究有着重要指导意义。

第一节　家族企业相关理论

企业理论是研究企业的本质、边界及其激励安排等方面的理论。严格意义上，古典经济学和新古典经济学没有单独的企业理论，由于其基于完全理性和充分信息假定而把企业看作一个"技术的黑箱"，将企业设定为一个反映投入产出关系的生产函数，认为企业的唯一目标是实现利润最大化，因而它仅仅解释了企业本质问题的一个方面——企业是什么，而没有回答企业为什么存在的问题。因此，传统新古典经济学的企业理论（更准确地说是厂商理论）被冠以"黑箱论"（black box）的称谓①。直至1937年科斯（Coase）

---

① 卢现祥，朱巧玲. 新制度经济学 [M]. 北京：北京大学出版社，2008：261.

发表《企业的性质》（*The nature of the Firm*）一文后，这一"黑匣子"才被打开，从而开创了新制度经济学企业理论研究的先河。

本部分包括两个方面内容：首先阐述新制度经济学的相关企业理论；其次阐述家族企业研究的相关理论。

一、新制度经济学企业理论

科斯以后，新制度经济学家对企业存在和企业治理问题做了进一步的研究，取得了一系列卓有成效的研究成果，主要包括：以科斯、威廉姆森（Williamson）为代表的交易费用经济学的企业理论；以格罗斯曼（Grossman）、哈特（Hart）和莫尔（Moore）为代表的产权经济学的企业理论；以阿尔钦（Alchian）和德姆塞茨（Demsetz）为代表的团队生产理论。

（一）交易成本理论

科斯的《企业的性质》一文是交易成本理论的开山之作，它主要回答了"企业为什么存在"以及"企业的边界是什么"这两个现代企业理论的基本问题。科斯突破了新古典经济学将企业视为一种生产函数的思维模式，引入了"交易成本"（transaction cost）的概念。他认为，市场利用价格机制配置资源是存在交易成本的，虽然"在特定市场（如在农产品市场）中，能够设计出一种技术来最小化这种契约成本，但它同样不能被完全消除。"[1]企业的存在能够节省某些市场运行成本，它是在利用价格机制配置资源存在较高交易成本时对价格机制的替代。企业和市场是组织的两种形式。选择采用市场还是企业进行资源配置取决于交易成本的权衡。科斯的企业理论为进一步研究介于市场交易与一体化组织之间的中间性组织类型、为契约关系规制理论的发展，提供了新的而且必要的理论研究视角。

科斯虽然提出了关于企业理论的重要见解，但由于不具有操作性，一直

---

[1]　R. Coase. The Nature of the Firm ［J］. *Economics*，1937（4）：391.

被"引而不用"①，威廉姆森则将科斯的概念推向了"可操作层面"，他从资产专用性、不确定性程度和交易频率三个交易维度分析了交易的特性，并从资产专用性、人的有限理性和机会主义三个层面分析了交易成本产生的原因。威廉姆森从契约角度出发，将交易成本分为"事前交易成本"和事后交易成本两类。事前交易成本是指起草、谈判、保证落实某种契约的成本，即达成合同的成本；事后交易成本是指契约签订之后发生的成本，例如退出契约关系支付的费用、合同条款有误进行修改发生的费用、解决冲突而支付给政府的法院费用、契约维持费用等。威廉姆森认为，在理性有限、机会主义行为、未来不确定性和交易的小数目条件这四种基本因素综合作用下，市场作为一种交易管理机制便会因交易成本过高而失效，这种情况下企业制度应运而生，企业就是作为交易的治理结构而存在的。威廉姆森还从激励、控制和"固有的结构优势"三个方面阐明了企业这种治理结构的相对优势，他认为，相对于其他治理结构而言，企业的突出优势在于其具有更强的适应性效率。

(二) 企业产权理论

产权理论对企业的分析建立在不完全契约的基础上。哈特（1995）认为，企业产生于人们不能拟定完全契约，从而权力和控制变得极为重要的地方。格罗斯曼和哈特（1986）将契约权利划分为两种类型：确定性权利和剩余权利。前者是指在契约中已经做了明确规定的契约方对资产的权利，后者则是在初始契约中没有明确规定的所有与资产相关的权利。他们认为，企业是由其所拥有的资产（如存货、机器设备等）组成，因而企业的本质是一种物质资产的集合体。而有关契约权利中的剩余权利也是对物质资产的权利，即"剩余控制权"，剩余控制权的配置不仅影响控制者的专用性投资激励，而且影响被控制者的专用性投资激励。它是一种稀缺资

---

① ［美］奥利佛·威廉姆森，斯科特·马斯滕编. 交易成本经济学——经典名篇选读 ［M］. 李自杰，蔡铭等，译. 北京：人民出版社，2008：3.

源，企业获得最大化联合产出的关键在于实现剩余控制权的最佳配置。企业的边界取决于纵向一体化收益和成本的权衡，当一体化的收益大于成本时，企业实施一体化扩张其边界；当一体化的收益小于成本时，企业的规模和边界将维持不变。

（三）团队生产理论

阿尔钦和德姆塞茨（1972）提出了企业的团队生产理论，开始重视企业的生产性，将从企业与市场的关系分析转向企业内部激励与监督问题的分析作为研究重点。他们认为，企业是一种特殊的契约安排，其本质是生产的团队性质。团队生产具有以下特征：企业使用不同类型的生产要素；这些生产要素属于不同的所有者；总产出并不是单个要素产出的简单相加。由于团队生产中要素的相互依赖性，使根据要素边际产出进行的报酬难以计算和支付，于是导致团队成员偷懒的机会主义行为和相应的监督费用的出现。为节约更多的交易成本，生产团队就会演变为企业，企业对要素边际产出和报酬的计量能力以及对内部机会主义的监督能力优于市场。从这个意义上，企业被认为是能有效解决团队生产中偷懒问题的一种"监督机制"。

二、家族企业相关理论

（一）委托代理理论

"委托代理理论"（principal-agent theory）是现代企业理论的重要组成部分。随着资本市场的发展，工业技术也得到大规模的生产和应用，同时企业规模日益扩大，使现代企业的所有权和控制权相分离（Berle and Means, 1932），而且股东分散化程度提高，企业所有者（委托人）对经营者（代理人）的控制力受到削弱，两者之间出现了信息不对称。在代理人与委托人存在目标冲突的情况下，代理人可能利用信息优势不为委托人利益服务，甚至损害委托人利益，从而导致现代企业的委托代理问题。

1976 年，詹森和麦克林（Jensen and Meckling）首次提出了"代理成本"（agency cost）的概念，委托人和代理人的目标冲突所导致的效率损失以及为协调这种冲突所付出的成本就是代理成本。詹森和麦克林将代理成本定义为委托人的监督支出、代理人的保证支出以及因代理人决策与使委托人福利最大化的决策存在偏差而使委托人遭受的剩余损失的总和。以代理理论为基础的现代企业管理将经理人视为机会主义者，即经理人是追求私利的"经济人"（Jensen and Meckling，1976）。代理理论用于两类代理关系：所有者与经理人；所有者与小股东。

在家族企业内部，所有权与控制权配置会产生两类代理问题：第一类代理问题是家族所有者与家族经营者之间的代理问题，表现为管理但不持股或管理权大于所有权的家族经营者与其他家族股东之间的利益冲突（Jensen and Meckling，1976）。第二类代理问题是家族控股人与其他家族少数股东之间的代理问题，这是由于现金流量权和控制权的分离所产生的（Shleifer and Vishny，1997）。中国上市公司则更关注第二类代理问题，因为大多数企业存在金字塔结构等控制权扩张机制，控股股东有条件和动机通过隧道行为侵占小股东利益（王明琳等，2010）。

（二）现代管家理论

管家理论（stewardship theory），又称当家理论、乘务员理论，1990 年唐纳森（Donaldson）提出了管家理论，它从代理理论的对立角度揭示了经理人和委托人之间存在的另一种关系，认为代理理论对经理人内在机会主义和偷懒的假定是不合适的，而且经理人对自身尊严、信仰以及内在工作满足的追求，会使他们努力工作，做好"管家"。现代管家理论以"社会人"为假设前提，认为受到社会、成就等驱动，经理人倾向与股东合作，实现企业利润最大化进而体现个人价值（Davis et al.，1997）。在经理人的自律基础上，经营者与委托人以及其他利益相关者之间的利益是一致的。

家族企业中的管家行为主要对企业经营、雇员和客户三个方面产生影响。首先，通过管家行为维持家族企业的可持续发展。出于对个人价值、企业责任、社会贡献等更高层次需求，经理人更注重企业社会责任、经营范围的扩大及企业声誉的提升等企业长期决策（Eddleston et al.，2010）。其次，管家行为可以维持经理人与雇员的亲和性。出于对家族企业长期发展的需求，经理人更关注雇员的价值观、个人能力及工作环境，并采取职工培训、工资提高、工作轮换、包容性文化宣传等一系列管家行为（Arregle et al.，2010）。最后，管家行为有利于维持客户的忠诚性。经理人倾向以开拓销售渠道、改善客户关系、扩大客户范围等方式提高消费者的忠诚度，逐渐发展为更为持久的关系，从而形成有利于促进企业发展的社会网络（Gomez-Mejia et al.，2001）。

（三）社会情感财富理论

针对早期家族企业研究缺乏自己的理论研究范式，从而导致实证结果矛盾、模型简单、术语重叠、理论阐释片面等问题，2007 年戈麦斯·梅西亚等（Gomez-Mejia et al.，2007）在整合家族企业领域前人研究成果的基础上，提出了一个全新的"自产"（homegrown）的理论建构，他们称之为社会情感财富（socioemotional wealth，SEW）模型。该理论认为，有关 SEW 的收益或损失是家族企业进行主要战略选择和政策决策的关键参考依据。[①]

社会情感财富模型是行为代理理论[②]的延伸。就家族企业负责人而言，重点保护企业的社会情感财富是其最关键的决策活动。当社会情感财富面临威胁时，家族不是按照经济上是否获得经济收益作出决策，家族企业可能为了保护 SEW，情愿不顾经济上遭受损失而将企业置于危险境地。换句话说，

---

① Gomez-Mejia L R，Haynes K，Núñez-Nickel M，Jacobson K，Moyano-Fuentes J. Socioemotional Wealth and Business Risks in Family Controlled Firms：Evidence from Spanish Qlive Oil Mills ［J］. *Administrative Science Quarterly*，2007（52）：106 – 137.

② 行为代理理论最早是由怀斯曼和戈麦斯·梅西亚（Wiseman and Gomez-Mejia，1998）提出的，它综合了期望理论、企业行为理论和代理理论，其基本观点是企业依赖于占控制地位的企业负责人（principals）的参考依据进行决策选择。

对社会情感财富的保护是家族负责人进行决策的主要参考依据，减少企业财务风险的战略决策如果危及企业的社会情感财富，家族将选择保护社会情感财富的方案。

"社会情感财富"是一个宽泛的概念，戈麦斯·梅西亚等（Gomez-Mejia et al.，2007）认为，社会情感财富是指特定企业中由于家族的控制地位使其获得的有关情感价值的非经济收益，主要包括家族成员授予个人权威的无限制行使、享有家族对企业的影响、维系家族控制、任命信任的家族成员担任企业重要岗位、对带有家族名字的企业强烈认同、家族代际的延续，等等。虽然非家族企业的负责人和管理者也可能享有以上部分权利，但是社会情感财富的价值对家族来说是更为内在的，对其社会情感财富的保护已经成为其本身的目标，家族所有者的身份与企业组织之间是难舍难分的，这在他们心里已经深深地扎了根（Berrone et al.，2010）。社会情感财富在结构上具有多维度特征。戈麦斯·梅西亚等（Gomez-Mejia et al.，2011）把家族企业的社会资本、文化资本和情感资本的投入作为社会情感财富的来源，将社会情感财富划分为情感、文化价值观和利他三个维度。而贝罗内等（Berrone et al.，2012）认为戈麦斯·梅西亚等学者的维度划分并不充分，因而对此问题又进行了深入探究，认为社会情感财富应包括五个维度，即家族控制和影响、家族成员对企业的认同、紧密的社会关系、情感依恋和传承意愿。在家族所有者看来，家族企业不仅是一项容易出售的资产，更是家族的一项长期投资，他们希望能够将其世代相传。齐薇格等（Zellweger et al.，2012）认为，这种代际传承的持续性也是社会情感财富的核心内容之一。

（四）现代企业成长理论

现代企业成长理论是从企业经营管理角度来分析影响企业成长的决定因素。1959年，彭罗斯（Penrose）出版了《企业成长理论》一书，她是第一个真正意义上以企业成长为专门研究对象，提出系统的企业成长理论的人。彭罗斯认为，企业内在因素决定企业成长，企业是在特定管理框架之内的一组资源的集合，企业使用自己拥有的生产资源所产生的服务是企业成长的原动力。彭罗斯认为，"服务"又可分为"企业家服务"（entrepreneurial services）和"管理服务"（managerial services）两个部分，它们都是企业成长不可或缺的。管理服务是执行一项任务或起草制订一项扩张计划，而企业家服务需要创造或者接受一项革新的建议，以及开始并作出扩张的计划。[①] 不过在某种意义上，企业家服务对成长的动机和方向影响更为深远，企业家管理是企业持续成长的必要条件。

彭罗斯第一次将企业成长作为分析对象，认为企业成长理论是一种纯内因成长论，强调管理对于企业成长的作用，主张以"成长经济"代替传统的"规模经济"理论，在管理学领域开创了研究企业成长问题的先河。

第二节　企业社会责任相关理论

一、资源基础理论

资源基础理论（resource-based theory）是一个从效率角度对企业所具有的持续良好绩效给出解释的理论。1984 年沃纳菲尔特（Wernerfelt）最早提出了"资源基础论"，其首要贡献是认识到企业间基于资源和资源组合的竞争对企业在实施产品市场战略中获得优势的能力具有重要意义。资源基础理论的代表人物还有鲁梅尔特（Rumelt）、巴尼（Barncy）、德里克斯（Dierickx）和库尔（Cool）等。

资源基础理论认为，企业通常拥有不同的可转变成独特能力的有形和无形资源，这些资源和能力在企业间是不可流动的且难以复制的，它们是企业持久竞争优势的源泉。不同企业资源的异质性决定企业竞争力的差异。其

---

①　［英］彭罗斯. 企业成长理论［M］. 赵晓，译. 上海：格致出版社·上海三联书店·上海人民出版社，2007：208.

中，符合可持续竞争优势的资源必须具有以下四个属性：（1）必须是有价值的（valuable），即能利用环境中存在的机会和/或化解环境中的威胁；（2）必须是稀缺的（rareness），这种稀缺性在企业所面临的当前竞争和潜在竞争中都是一贯的；（3）必须是不可能完全模仿的（inimitable）；（4）必须能被企业的组织过程加以开发利用。[①]

资源基础理论被广泛用于研究家族企业的人力、财力、社会等独特资源及其经济效应。研究显示，家族企业在企业声誉、交易成本等方面比非家族企业更具优势（Liu et al.，2010）。

二、利益相关者理论

"利益相关者"（stakeholders）一词最早源于 1963 年斯坦福大学研究所的一份备忘录。作为一个术语，"利益相关者是指那些没有其支持，组织就不可能生存的团体"，这一定义让人们认识到，除了股东以外，企业周围还存在其他的一些影响其生存的群体。随后，瑞安曼（Eric Rhenman）提出了比较全面的定义："利益相关者依靠企业来实现其个人目标，而企业也依靠他们来维持生存。"这一定义使利益相关者理论成为一个独立的理论分支。

最早使用"利益相关者"概念的是美国经济学家伊戈尔·安索夫（Ansoff），他认为，利益相关者群体中应该包括政府、公众、环境、债权人、供应商、消费者以及公众组织等。[②]进入 20 世纪 80 年代，利益相关者理论的影响迅速扩大，学者们从不同角度对利益相关者进行定义，其中，以弗里曼（Freeman）的观点最具代表性。1984 年，弗里曼出版了《战略管理：利益相关者管理的分析方法》一书，明确提出了利益相关者管理理论。他认为，

---

① ［美］杰伊·B. 巴尼，［新西兰］德文·N. 克拉克. 资源基础理论：创建并保持竞争优势［M］. 张书军，苏晓华，译. 上海：格致出版社·上海三联书店·上海人民出版社，2011：64.
② ［美］安索夫. 新战略管理［M］. 曹德骏，范映红，袁松阳，译. 成都：西南财经大学出版社，2009.

"利益相关者是能够影响一个组织目标的实现，或者受到一个组织实现其目标过程影响的所有个体和群体。"①这一定义提出了一个普遍的利益相关者概念，不仅将影响组织目标实现的个体和群体视为利益相关者，而且将影响组织目标实现过程的个体和群体看作利益相关者，正式将社区、政府、环境保护组织等实体纳入其中②，极大地丰富了利益相关者的内涵。与传统的股东至上主义相比较，该理论认为，任何一个公司的发展都离不开各利益相关者的投入或参与，企业追求的是利益相关者的整体利益，而不仅仅是某些主体的利益。克拉克森（Clarkson，1994）引入了专用性投资的概念，认为"利益相关者及其在企业中投入了一些实物资本、人力资本、财务资本或一些有价值的东西，并由此而承担了某些形式的风险；或者说，他们因企业活动而承受风险。"他将利益相关者分为两类：一类是主要的利益相关者，包括投资者、供应商和消费者等；另一类是次要的利益相关者，包括社区、媒体等。

利益相关者理论为企业社会责任理论提供了重要的理论支撑，卡罗尔（Carroll，1991）认为，利益相关者理论的诞生指导了企业社会责任研究的发展方向。伍德（Wood，1991）首次将利益相关者理论与企业社会责任结合起来，并对企业社会责任进行了评价。利益相关理论为企业社会责任的研究制定了一个切实的范畴，由此研究边界的确定推动了企业社会责任的研究进展（鄂齐，2013）。十多年来，国内外许多学者从利益相关者角度出发，对企业社会责任的内涵、产生及发展进行了深入的研究，并利用利益相关者理论确定了企业社会责任履行的对象。张兆国等（2008）提出，企业承担社会责任是一种实现双赢的最佳选择，企业必须建立以利益相关者为核心的财务管理模式。奥伊科诺穆等（Oikonomou et al.，2014）基于利益相关者理论，使用美国1999～2008年17个行业的企业债券样本，实证检验了履行企

---

① Freeman R E. Strategic Management：A Stakeholder Approach［M］. Cambridge University Press，2010.

② 李维安，王世权. 利益相关者治理理论研究脉络及其进展探析［J］. 外国经济与管理，2007（4）：10 – 17.

业社会责任，不仅会减少与员工的利益冲突，而且还会降低公司的融资成本。家族企业的利益相关者同样包括股东、债权人、客户、供应商、环境、社区等，因而形成不同的企业社会责任投资维度。

三、可持续发展理论

1987 年，世界环境与发展委员会在题为《我们共同的未来》的报告中，第一次阐述了"可持续发展"的概念。在可持续发展思想形成的历程中，最具国际化意义的是 1992 年 6 月在巴西里约热内卢举行的联合国环境与发展大会。在这次大会上，来自世界 178 个国家和地区的领导人通过了《21 世纪议程》《气候变化框架公约》等一系列文件，明确把发展与环境密切联系在一起，使可持续发展走出了仅仅在理论上探索的阶段，响亮地提出了可持续发展的战略，并将之付诸为全球的行动。在宏观层面上，可持续发展理论主要研究国家或地区资源、人口与环境的承载能力，实现经济与社会的协调发展。在微观层面上，主要研究企业的可持续发展，即企业在追求自身利润最大化的经营过程中，以社会责任为出发点，实现企业与社会永久和谐发展的生存状态。

承担社会责任有利于家族企业的成长和可持续发展，这一点学术界已经达成了共识。陈凌等（2008）认为，家族企业承担社会责任有利于提升企业品牌的知名度和美誉度、树立良好的企业形象、赢得消费者的信任、提高员工的忠诚度，从而增强企业的竞争力。尼姆等（Niehm et al.，2008）实证研究发现，家族企业社会责任能够使家族企业产生明显的竞争优势，认为家族企业作出的社会责任行为确实有助于小型农村社区中家族企业的可持续发展。马丽波等（2009）认为，家族企业履行社会责任有助于延长生命周期，积极履行社会责任的家族企业能获得更大的发展空间，从而增强企业的生命力。文革等（2009）通过对家族企业目标动力机制及可持续发展动力机制两个方面的分析，建立了家族企业社会责任与可持续发展的基模，并认为承担企业社会责任与家族企业可持续发展两者之间是一致的，并相互促进。费尔南多等（Fernando et al., 2012）通过人为影响（human impact）、道德善良（moral goodness）和无条件的社会改良（unconditional societal betterment）三个维度分析了斯里兰卡家族企业 MAS 控股公司战略性 CSR 举措的组织正义（organizational virtuousness），并发现企业战略性 CSR 举措具有正义性是因为在以上三个维度上表现出对社区的积极捐赠，而无论企业是否产生利润和媒体或声誉优势。

第四章

家族企业社会责任相关文献综述

为了对企业社会责任、家族企业社会责任、家族企业社会责任投资与企业价值的关系进行梳理和总结，笔者在中国知网以及 Google Scholar、Science Direct 等国际权威期刊网站上通过"家族企业""企业社会责任（投资）""家族企业社会责任（投资）""民营企业社会责任（投资）""家族控制""企业价值""企业绩效"等关键词，对近年来发表的国内外文献进行深入阅读，重点分析引用率较高的文献，最终确定参考文献、著作等共 300余篇。

第一节　关于企业社会责任的研究

一、企业社会责任的概念

克拉克（Clark，1916）最早提出了社会责任的思想，谢尔登（Sheldon）则于 1924 年首次提出了"企业社会责任"（corporate social responsibility，CSR）的概念。博文（Bowen）被认为是现代企业社会责任研究领域的开拓者，他认为，企业具有影响其行为的决策能力，它会对整个社会产生影响，商人应当"按照社会的目标和价值观制定政策、做出决策，并依此采取行动，以使社会满意"（Bowen，1953）。因为"企业是社会系统中不可分割的一部分，是利益相关者显性契约和隐性契约的载体"（Donaldson and Dunfee，1994），倘若公司不慎重考虑和充分满足其利益相关者的合理利益要求而忽视其所承担的社会责任，这种公司就不可能长期生存和可持续发展。

几十年来，学术界有关企业社会责任的定义层出不穷，但至今还没有形成一个统一的明确的概念，萨尔米·穆罕默德·伊萨（Salmi Mohd Isa，2012）认为，企业社会责任本质上是一个争辩性的多维概念，不同的使用者对企业社会责任的概念有各自不同的理解，所以可能没有必要形成一个通用的概念（Okoye，2009）。

目前，被学术界广为接受和引用的是卡罗尔（Carroll，1991）的企业社会责任概念，他认为，企业社会责任是某一特定时期社会对企业所寄托的经济、法律、伦理和自愿方面的期望，企业不仅要承担经济的和法律上的义务，而且也要履行伦理的和自愿（慈善）的责任。经济责任、法律责任、伦理责任和慈善责任这四种责任由下至上构成了一个金字塔结构（pyramid of corporate social responsibility）。分别为：（1）经济责任（economic responsibilities）。对于企业而言，经济责任是其最基本的也是最重要的社会责任，但它并不是唯一的企业社会责任。（2）法律责任（legal responsibilities）。法律责任也是社会责任的一个重要内容，社会赋予和保障了企业完成生产性任务、为社会提供商品和服务的权利，同时也规定其在法律框架内实现经济目标。因此，企业肩负着必要的法律责任。（3）伦理责任（ethical responsibilities）。虽然社会的经济和法律责任中都隐含着一定的伦理规范，公众社会仍期望企业遵循那些尚未成为法律的社会公众的伦理规范。（4）慈善责任，也称自由裁量责任（discretionary responsibilities）。人们还会对企业寄予一些没有或无法明确表达的期望，是否履行或应履行什么样的责任完全由个人或企业自行判断和选择，这是一类完全自愿的行为，例如慈善捐赠、为吸毒者提供住房或提供日托中心等。在这四种责任中，经济责任是基础，也是最重要的责任，法律责任、伦理责任及慈善责任向上依次递减（见图4.1）。

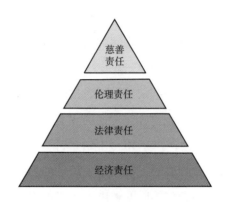

图 4.1　企业社会责任金字塔结构

资料来源：笔者自制。

关于企业社会责任投资方面的文献主要研究三个问题，即企业在投资增加时是否考虑了社会责任行为？企业在社会责任方面的投资会影响企业的财务绩效和股东价值吗？企业为什么会在企业社会责任方面进行投资：是为了增加股东价值，还是为了对非投资的利益相关者或社会履行一个道德承诺（Barbara and James，2008）？鲍龙（Baron，2001）、理查德等（Richard et al.，2014）区分了企业选择社会责任方面投资的不同动机，认为现代企业进行企业社会责任投资的原因包括利他主义、利润最大化以及来自政治家和消费者抵制等的外部压力等（Baron，2001）。理查德等（Richard et al.，2014）、维克特等（Wickert et al.，2016）还发现，较大规模的企业、自由现金流量较多的企业以及广告费支出较高的企业表现出较高的社会责任水平，但拥有较强机构所有权的企业不太可能投资于企业社会责任投资项目；CEO 的个人特征也会影响企业管理者的决策，例如女性 CEO、年轻的 CEO 和致力于共和民主的管理者，有可能去投资企业社会责任项目；除了利他主义因素外，为建立良好的商誉、保持良好的政治关联以及企业外部的媒体关注也是驱动企业进行企业社会责任方面投资的重要因素。布等（Bo et al.，2009）采用企业社会责任理论分析了中国国有企业的社会福利投资，提出了一个简单的理论模型以阐述企业运行中在出现社会目标时是如何改变它的投资行为的，并使用 1995~1999 年中国企业的面板数据对模型进行了检测。

实证分析表明，中国国有企业进行社会福利投资的动因中社会目标超过了利益关注。然而证据也显示，随着时间的推移，社会目标动因变得不太重要了。

芭芭拉和詹姆斯（Barbara and James，2008）发现了一个循环的因果关系：盈利的企业一开始更可能在企业社会责任活动中进行投资，后来发现正是这样的投资进一步提升了其绩效。同时，他们还发现，将资源投入企业社会责任活动中的大多数企业是作为其长期价值最大化的一个手段，并不是因为利益相关者的先前承诺。马塞洛等（Marcelo et al.，2014）通过采用2003～2010年美国2300多家上市公司的面板数据进行实证检验发现，对企业社会责任活动的连续投资会降低资本成本。

二、企业社会责任概念的演进

与其他学术概念一样，企业社会责任（投资）的概念也经历了一个不断演进的过程。古代朴素的责任观产生于18世纪前。在西方的资产阶级革命前，逐利活动被认为是违背宗教精神的，商业和利润被视为不义之财（张礼萍，2003）。文艺复兴后，重商主义盛行，工商业的逐利行为逐渐被合理化成为企业存在的唯一目的。19世纪中叶社会达尔文主义的盛行在一定程度上制约了企业的行善行为（Spence，1970）。这种对利润的过度追求以及对同类苦难的漠视，很快导致环境污染、经济危机以及劳资纠纷的出现。进入20世纪后，随着马克思主义的传播和工人运动的开展，部分有远见的企业主开始积极改善企业与社会的关系，学术界也出现了多种支持扩大企业社会责任的观点，也有一批先锋的企业家开始自觉承担社会责任。

企业社会责任思想的起点是亚当·斯密（Adam Smith）的"看不见的手"。古典经济学理论认为，一个社会通过市场能够最好地确定其需要，如果企业尽可能高效率地使用资源以提供社会需要的产品和服务，并以消费者愿意支付的价格销售它们，企业就尽到了自己的社会责任。1916年，美国学者莫里斯·克拉克（Maurice Clark）最早提出了社会责任的思想，他在《改变中经济责任基础》一文中指出，"社会责任很大一部分是企业的社会责任，我们需要有责任感的经济原则，发展这种原则并将它深植于我们的商业伦理中。" 1924 年，美国学者谢尔顿（Oliver Sheldon）在其著作 "The Philosophy of Management" 中提出了"公司社会责任"的概念，他把公司社会责任与公司经营者满足产业内外各种人类需要的责任联系起来，并认为公司社会责任含有道德因素在内。一般认为，这是迄今为止对"公司社会责任"最早的描述。

20 世纪 30 年代以后，学术界发生了关于企业社会责任的两大论战。第一场论战是 30 年代美国公司法学界著名的"多德—贝利论战"，其争论的问题是"公司的经理人员是谁的受托人"。多德（Dodd）认为，公司对雇员、消费者和公众负有社会责任，尽管这些社会责任未必见诸法律而为公司的法定义务，但应当成为公司管理人恪守的职业道德。而贝利（Berle）教授提出异议，认为商业公司存在的唯一目的就是为股东赢利，公司管理人只对股东有相当于受托人的责任，如果要求管理人对股东之外的其他人负责，在公司承担社会责任的名义下，各种各样的利益群体都会向公司提出财产要求，作为市场经济基础财产私有就会被动摇。

事实上，20 世纪 50 年代人们更多讲的是"社会责任"（SR），而往往忽略最关键的主语"企业"（C），开创这一领域研究的标志性著作是博文（Bowen）的《商人的社会责任》（Social Responsibilities of the Businessman）。博文被认为是现代企业社会责任研究领域的开拓者，被誉为"企业社会责任之父"。他认为，企业具有影响其行为的决策能力，它会对整个社会产生影响，商人应当"按照社会的目标和价值观制定政策、作出决策，并依此采取行动，以使社会满意"（Bowen，1953）。博文之后，更多学者对企业社会责任的研究产生兴趣，研究对象从商人个体的社会责任，逐渐转向作为经济单位的企业的社会责任，最先则是企业社会责任定义的研究。在企业社会责任研究方面，几乎与博文齐名的戴维斯（K. Davis）则提出"责任铁律"的概念，即"商人的社会责任必须与他们的社会权力相称"，认为企业社会责任是指"企业考虑并回应经济、技术和法律规定之外的问题，在追求经济利益的同时实现社会利益"。弗雷德里克（W. C. Frederick）强调，为了满足人们对企业的期望，促进人类的进步，企业的社会责任应该监督经济体制的运行。麦克奎尔（McGuire）认为，企业应该重视更广泛的社会系统，这意味着他将企业社会责任的概念超出了经济和法律范围。沃尔顿（Walton）在其所著的《企业社会责任》一书中提出，社会责任的定义能够让人们意识到企业和社会之间存在的密切关系，企业的各种行为不仅影响其他人，而且还可能会影响整个社会系统，因此，当经济组织在追求企业目标时，管理人员应关注到两者之间的关系。

20 世纪 60 年代以后，关于企业是否应承担社会责任的争论越来越激烈，70 年代初在两位著名经济学家弗里德曼和萨缪尔森之间发生了企业社会责任的第二场论战。弗里德曼（Friedman）认为，"责任"是针对一个个体，企业无所谓责任，这里所说企业的责任应该是指个体所有者和公司经理的责任。作为企业所有者的一个雇员，公司经理应该直接对他的老板负责，公司经理的责任应当与企业所有者的要求一致，就是在遵守包括法律准则和道德习俗的社会基本规则下，引导企业尽可能赚取更多的钱。公司经理用股东、消费者、员工的钱承担社会责任是虚伪的装门面的行为，这种行为破坏了自由社会的根基。保罗·萨缪尔森（Paul Samuelson）则反唇相讥，认定企业不仅必然要尽社会责任还要尽好责。

企业绩效和企业社会责任关系的辩论经历了很长一段时间。进入 20 世纪80 年代，德鲁克提出了一个观点，他认为，企业合理的"社会责任"会把社会问题转化为竞争机会和经济利益，转化为生产力，转化为人才职能，转化为优厚的工作，进而转化为财富，这一论断为一直持续的论战画上了一个句号。目前，被学术界广为接受和引用的是卡罗尔（Carroll，1991）的企业社会责任概念，他认为，企业社会责任是某一特定时期社会对企业所寄托的经济、法律、伦理和自愿方面的期望，企业不仅要承担经济的和法律上的义务，而且也要履行伦理的和自愿（慈善）的责任。经济责任、法律责任、伦理责任和慈善责任这四种责任由下至上构成了一个金字塔结构。其中，经济责任是基础，也是最重要的责任，法律责任、伦理责任及慈善责任向上依次递减（见表 4.1）。

表4.1 　　　　　　　　　　　　　**企业社会责任概念一览**

企业社会责任是指"企业考虑并回应经济、技术和法律规定之外的问题，在追求经济利益的同时实现社会利益"（Davis，1937）
企业社会责任是指"商人应该监督经济体制的运行以满足社会的期望，促进社会的进步"（Frederick，1960）
企业社会责任要求"企业不仅有经济和法律责任，同时有超越这些义务的社会责任"（McGuire，1963）
企业社会责任意味着"企业和社会之间存在的密切关系，企业行为不仅影响他人，还可能影响整个社会系统，因此，当企业在追求经营目标时，管理人员必须考虑到这种关系"（Walton，1967）
企业社会责任使企业的行为与主流社会规范、价值及期望保持一致（Sethi，1975）
企业社会责任指那些"能够同时保护并提升整个社会的符合和企业利益"的活动（Davis & Blomstorm，1975）
"企业社会责任包含了在特定时期内，社会对经济组织经济上的、法律上的、伦理上的和自行载量的期望"（Carroll，1979）
"企业责任意味着企业对股东以外的其他社会团体负有法律或者合约之外的责任"（Jones，1980）
"企业公民是指企业与其所在地及涉及其产品、供应链、经销网络、广告等的全世界之间的关系"（McIntosh et al.，1998）
"良好的企业公民是指企业为了自身和整个社会的利益来理解和管理企业对社会的影响"（Marsdon & Androif，1998）
"企业社会责任是指企业对遵守道德要求、提升员工及其家人乃至整个社会生活质量的同时促进经济发展"（Holmes & Watts，2000）

资料来源：笔者自制。

随着学术界对企业社会责任的深入研究，政府和其他非营利组织也开始关注企业社会责任，企业社会责任理论也得到了社会的普遍认可，社会各界的共同推动使企业的社会责任意识不断增强。随着社会经济的不断发展，更多的学者和企业对企业社会责任进行着不断的学术研究和实践探索。20世纪70年代后，企业社会责任研究由是否应该履行责任，逐渐转入履行责任的对象是谁，以及怎样履行责任的问题。在企业社会责任理论研究的不断推动下，许多国家掀起了意义深远的社会责任运动，参与者涉及企业、政府、非营利组织和消费者。由此，是否承担社会责任开始成为社会对企业存在价值的衡量标准之一。

三、企业社会责任的衍生形式

(一) 社会回应

进入 20 世纪 70 年代中期，企业作为整个社会环境中的一个重要角色，一方面社会对其寄予相关的期望；另一方面企业还要关注怎样回应人们日益变化和提升的期望，因而一些学者考虑用"社会回应"（corporate social responsiveness，CSR₂）来代替企业社会责任。弗雷德里克（Frederick）将此定义为"企业回应社会压力的能力"，并用 CSR₂ 来代替。阿克曼（Ackerman）和鲍尔则是批判早期的企业社会责任概念太关注企业社会责任的动机，没有重视企业社会责任的具体实施，为此建议企业通过三个方面的行动来回应不断变化的环境及利益相关者的要求，即监控和评价外部环境条件、关心利益相关者的要求、设计一些计划和政策。因为"社会回应"有助于企业社会责任的实施，社会回应管理一直是 20 世纪八九十年代研究的主题，并成为企业社会责任管理实践的重要方法之一（郑若娟，2006）。

(二) 企业社会绩效

20 世纪 70 年代，"企业社会绩效"（corporate social performance，CSP）引起了广泛关注。塞西（Sethi）首先提出了包含"社会义务""社会责任""社会回应"的企业"社会绩效维度"。1979 年，卡罗尔（Carroll）将前期企业社会责任的观点逐渐系统化，提出一个企业社会绩效模型，其主要涉及企业社会责任、社会议题和社会回应三个维度，指出企业应当履行包括经济、法律、伦理和自行裁量四种不同责任，构建了一个整体的 CSR 理论框架。后来，沃提克和伍德等学者分别从社会绩效动态管理和绩效管理评估的角度对卡罗尔的模型进行了修正。企业社会绩效概念与模型对企业社会责任的理论发展和管理实践都形成重要影响，因为它重视将企业社会责任概念放在管理背景中，更加关注动机、过程及结果的全过程，20 世纪 90 年代学术界开始热衷于对企业社会绩效与财务绩效之间关系的实证研究。

（三）企业公民

20世纪80年代，"企业公民"（corporate citizenship，CC）一词由实践进入企业社会责任学术领域，认为企业同个体社会公民一样，是社会的重要组成部分，在法律规范上，不仅享有社会公民的权益，而且应当履行对社会的责任。90年代末世界范围的企业公民运动的普及推动了"企业公民"的大量应用。"企业公民"将经济行为与更广泛的社会信任相联系，并服务于双方的利益，特别强调企业作为社会中的经济实体必须承担与个人类似的、应有的权利和义务。

（四）社会责任投资

社会责任投资（socially responsible investment，SRI）也称伦理投资、绿色投资或可持续发展投资，它更加注重企业社会责任的实现，主要通过资本引导推动企业对社会负责任的行为。"社会责任投资"来源于17世纪贵格会（Quakers）带有道德筛选意味的投资，他们不对武器买卖的企业进行投资。现代的社会责任投资则开始于1971年由抗议越战的牧师发起的柏斯全球基金（Pax World Fund），他们把认为不合道德的企业驱逐出其拥有的所有股票组合之外。从此以后，各种社会责任投资基金相继创立。

第二节　关于家族企业社会责任的研究

目前，学术界有关企业社会责任问题的研究文献较多，但对家族企业社会责任问题却涉及较少（Gallo，2004）。1964年，美国学者唐纳利（Donnelley）在阐述家族企业基础特征时首次谈到家族企业的社会责任问题，但直到2002年，全球最大的家族企业国际组织"家族企业网络"在其第十三届年会上提出"家族企业的未来：价值与社会责任"这一讨论主题后，学术界才将家族企业社会责任作为一个重要问题来研究。由于家族和企业双重系统之间的相互作用和动态性，使家族企业具有与非家族企业不同的行为特征，即家族群体对企业的所有权、治理结构、管理和代际传承以及对企业的目标、战略和框架及其制定、设计和实现所采取的方式等形成影响（Chua et al.，1999；Neubauer and Lank，1998；叶艳等，2019）。这些特征也导致其在社会责任意识和行动中不同于其他企业。因此，用家族企业作为变量进行的研究有助于建构对家族企业在内的众多组织具有普遍意义的且更为丰富的理论，换言之，忽视家族企业的研究可能意味着在管理领域形成的一些理论不能适用于世界上大多数现存的组织或将要存在的组织中（Chrisman et al.，2003）。

近几年，学术界关于家族企业社会责任的研究取得了一定的成果，主要涉及家族企业社会责任的内容、家族企业社会责任意识和行为、家族企业社会责任影响因素、家族企业社会责任与企业绩效、公司治理、企业价值等方面的关系等。除此之外，国外学者对中小企业的社会责任问题也有较多的研究。

与国外相比，我国学者关于家族企业社会责任的研究成果较少，一些学者对国内民营企业的社会责任问题给予了较多关注。一般而言，中小企业绝大多数属于家族所有，我国民营企业也多为家族企业，因此，本书将中小企业和民营企业的社会责任问题也纳入其中。

一、家族企业社会责任的特征和内容

利益相关者理论代表人物弗里曼（Freeman）提出，企业的经营活动应该对其利益相关者承担社会责任，他认为，"企业利益相关者是指那些能够影响企业目标的实现或被企业目标的实现所影响的个人或群体"（Freeman，1984）。对于家族企业来说，其利益相关者除了包括与非家族企业相同的企业股东、管理者、员工、顾客、供应商、社区、政府等以外，还包括家庭、家族以及泛家族成员这些特殊的利益相关者，陈凌等（2008）称之为"家族的利益相关者"。由于家族企业所有利益相关者之间相互区别、相互交叉，在特殊情况下又会发生利益冲突，因此，在处理不同利益相关者关系时，家族企业必然表现出不同于非家族企业的企业社会责任特征。

家族企业是家族非正式契约与企业正式契约双重作用的复合体，陈凌等（2008）认为，将家族系统和企业系统在家族企业的有机融合，可以使双方相互促进，形成独特的家族企业竞争优势，也是家族企业实现社会责任的一系列体现。他们认为，家族企业社会责任感主要包括三个特点：（1）企业创始人的价值取向影响企业对社会责任的理解；（2）家族参与对企业社会责任的影响；（3）家族企业所处的发展阶段极大影响企业社会责任的履行。马丽波等（2009）认为，家族企业生命周期不同阶段承担的责任不同。家族企业的社会责任随着企业的生命周期表现出多次轮回、动态演化的特征。家族企业发展初期和成长期，以承担经济责任为主；之后随着家族实力和社会责任感的增强，往往会更多承担社会责任。

西班牙的加洛（Gallo）教授是较早研究家族企业社会责任的学者，2004年加洛在其1980年提出的企业社会责任模型的基础上，通过问卷调查实证研究了家族企业社会责任及其履行情况。他将企业社会责任分为内部社会责任和外部社会责任两类，前者包括创造物质财富、向社会提供产品和服务、注重员工全面发展以及确保企业持续发展四种责任，后者包括对教育的支持、保护环境两种责任。研究结果表明，家族企业对内部社会责任履行最好的是创造物质财富，然后是向社会提供产品和服务，最差的依次是注重员工全面发展和确保企业持续发展；对外部社会责任履行最好的是保护环境、对教育的支持，最差的依次是抑制恐怖主义和蔑视法律（Gallo，2004）。德尼茨和苏亚雷斯（Deniz and Suarez，2005）在对112家西班牙家族企业的社会责任进行实证研究时，将家族企业社会责任分为"广义观/社会责任收益"和"狭义观/社会责任成本"两个维度。尼娅姆等（Niehm et al.，2008）将家族企业对农村社区的社会责任区分为社区承诺、社区支持和社区意识三个维度。周立新（2011）认为，家族涉入是影响企业社会责任行为的重要变量，她在实证研究时将我国民营企业社会责任区分为内部人责任、外部人责任和公共责任三个方面。阿曼等（Amann et al.，2012）在研究日本家族企业与非家族企业在企业社会责任上的区别和决定因素时，将 CSR 分为就业和人力资源管理、环境保护、公司治理、社会贡献四个维度。鲍曼等（Baumann et al.，2013）在对瑞士跨国公司和中小企业关于企业社会责任问题的定性实证研究时，将企业责任划分为 CSR 承诺、内部结构与程序以及外部合作三个维度。

二、家族企业社会责任意识和行为

家族企业是否应履行社会责任，是家族企业社会责任研究领域的一个重要问题，学术界对这一问题的研究主要形成以下两种截然不同的观点。

一种观点认为，家族企业有很强的社会责任意识，这是多数学者持有的观点。他们认为，家族企业有利于激发企业社会责任的履行（Uhlaner et al.，2004；Deniz and Suarez，2005；Block，2010；Block and Wagner，2010；叶艳等，2019），因为家族企业注重产品质量，尊重和保护员工，积极参与社区活动，为支持公司的发展往往牺牲家族利益，管理政策是连贯统一和廉正的，关注企业声誉和长远发展，对传统和家族价值观的尊重，等等。例如，布洛克和瓦格纳（Block and Wagner，2010）认为，与其他类型的企业所有者相比，家族企业所有者更可能为了他们的声誉而对其所在社区承担社会责任，也会更加致力于避免企业因为不良行为而引发社会公众的关注。戴尔和惠滕（Dyer and Whetten，2006）通过比较 1991～2000 年美国标准普尔指数500 强企业（S&P 500）中的 261 家企业（其中，非家族企业 202 家，家族企业 59 家）发现，家族企业比非家族企业更可能承担社会责任，这可能部分是因为家族的形象和声誉与他们拥有的公司难解难分地连在一起的，因而不愿意因为企业不负责的行为而损害他们的声誉，以此希望保护企业和家族的资产。戈弗雷（Godfrey，2005）也指出，为了保持良好社会形象的考虑，家族企业和家族所有者可能会比非家族企业更好地履行社会责任。哈弗兰特（Graafland，2002）通过实证研究得出结论，因为家族企业社会责任行为与其长期附加值存在正向相关关系，说明家族企业比非家族企业更关注社会责任。就我国而言，陈旭东等（2007）对浙江民营企业的抽样调查显示，在浙江省规模以上企业中民营企业的社会责任意识并不逊于国有企业和外资企业，主要是因为民营企业具有很强的市场导向、很强的乡土情结和一定的感恩情结。同时，民营企业的社会责任行为并不出于单纯的利他动机，而是具有一定的战略意识，这种意识使企业发展与社会发展在深层次上具有内在的一致性，有利于从企业外部推进企业的社会责任实践和企业的可持续发展。周立新（2011）通过对浙江和重庆两地制造业民营企业的调查，实证检验了家族涉入对企业社会责任的影响，认为家族企业的社会责任总体上要好于非家族企业。

另一种观点认为，家族企业不可能承担相应的社会责任。因为家族企业与裙带关系等某些特征和行为相联系，它们将家族的利益置于企业之上，缺少效益和结果的规范，很难适应市场，缺少代际传承的准备，老一代不情愿移交权力，等等。这一切引起了家族企业的功能失调，从长期来看，甚至会导致其不能完成基本的社会责任，最终发生债务危机（Morck and Yeung，2003）。这种裙带关系和专业性的缺少使企业对伦理和自由裁量义务的履行离得越来越远，家族企业中所有者家族由于强调自利性是不可能成为社会负责的行为人的（Banfield，1958）。莫克和杨（Morck and Yeung，2004）实证检验了世界上 27 个大型工业化国家涉及经济发展、基础设施、卫生保健、教育、政府品质、社会发展等不同社会进步维度的家族企业专注度，结果发现，那些由大商人家族控制的大企业所在的国家在许多维度上更加落后，他们提供的是包括基础设施在内的较差的公共物品、较落后的卫生保健和教育体制等。家族企业将其投资更多地投入保护自身利益的项目中，而没有将其投入发展国家经济的项目中。

以上两种观点中，第一种观点逐渐占据主导地位。一些学者也进行了研究验证，如戴尔和惠滕（Dyer and Whetten，2006）按照 KID（Kinde，Lydenberg and Domini 自从 1991 年对 S&P 500 公司的社会绩效排名）评价标准比较分析过去十年 S&P 500 中家族企业与非家族企业的社会绩效后认为，莫克和杨（Morck and Yeung，2004）关于家族企业对社会不负责任的观点的确是错误的，至少是不完全的。

三、家族企业社会责任的行为动因

企业的社会责任往往受到多种复杂因素的影响，从主观动机上来说，一般包括利他主义、被迫的利己主义和战略性视角（Husted and Salazar，2006），也有学者分为工具性动机、关系性动机和道德性动机（Aguilera et al.，2007；陈建林等，2017），等等。对于家族企业这个家族系统与企业系统双重运行的复杂组织来说，影响企业履行社会责任的因素则更加多样和复杂。目前，学者们对这一问题的研究主要从内外两个方面的动因进行研究，并取得了较丰富的研究成果。

（一）外部行为动因分析

从外部动因来看，一个国家的政治法律制度和文化、社会公众的压力、消费者满意度等都是家族企业社会责任履行的主要影响因素。正因为莫克和杨（2004）的研究是以家族企业关注度与国家对公民的有效关心程度之间的关系为基础的，才会得出"家族企业可能不会成为社会责任的行动者"的结论（Dyer and Whetten，2006），说明了政治制度和法律环境会对家族企业履行社会责任形成影响。不发达国家的政府法律制度很容易使家族企业为保护家族私利而行贿政府官员，以牺牲国家广大公民利益为代价成为"政治寻租人"（Morck and Yeung，2004）。另外，家族企业也会为避免引起社会公众的关注而履行社会责任，以维持本企业和家族的声誉（Block and Wagner，2010；陈建林等，2017；叶艳等，2019）。高勇强等（2012）基于2008年全国民营企业调查数据，分析了我国民营企业慈善捐赠的动机，研究结果表明，民营企业进行慈善捐赠更多的是"工具性"的，是企业用以掩盖或转移外界对其内在社会责任缺失的关注。

（二）内部行为动因分析

从内部动因来看，主要包括组织维度和个人维度的分析。

第一，关于组织维度方面。相关的研究成果较多。一般认为，企业规模、创新倾向、组织成本、公司治理、企业形象和声誉、家族文化、家族价值观和家族愿景、保护家族企业的社会情感财富（socioemotional wealth，SEW）等方面影响家族企业社会责任的意识及其实施。如尼娅姆等（Niehm et al.，2008）发现，家族企业规模越大，对社区支持越多，更可能对社区表现出较好的社会责任。亚曼等（Amann et al.，2012）通过对日本家族企业的实证研究发现，企业规模和创新倾向会影响企业的 CSR：规模较大的家族企业有更高的 CSR 水平，主要是因为大企业数量较多的不同利益相关者会增加企业的社会压力，而且大企业也比小企业有更多的资源和能力用于支付履行 CSR 的成本，他们还认为，日本企业盛行的儒家思想也使企业常常能够像对待自己家族成员一样保护企业的员工；研发强度也是 CSR 的影响因素，一方面是企业为了提高知名度，另一方面是因为企业将 CSR 看作一种差异化战略（McWilliams and Siegel，2001），产品差异化水平与 CSR 特性之间存在正相关性（Amann et al.，2012）。鲍曼等（Baumann et al.，2013）从规模视角实证研究瑞士中小企业社会责任问题时发现，由于跨国公司与中小企业的企业规模和组织成本不同，他们各自承担的社会责任内容也有所区别：就企业规模而言，跨国企业自愿披露 CSR 报告会减少上市公司权益资本的成本，因而更注重树立企业形象而将大部分 CSR 预算用在对外沟通上；而小企业由于规模小，缺少资源和能力去承担公共责任，因而更关注最重要的利益相关者，CSR 沟通主要集中在行业网络中，而不关注一般的社会公众。就组织成本而言，大企业内部组织成本较高，CSR 内部规划是一项昂贵的工作，因而大企业还是优先对外报告 CSR 的改进和完善情况；而小企业披露公共 CSR 的成本相对较高，由于员工较少、层级简单，来自投资者压力小，因而更倾向于通过非正式的形式实施 CSR。

另外，家族企业出于企业形象的考虑，会倾向于更好地履行社会责任

（Godfrey，2005）。萨尔瓦多（Salvato，2002）、德尼茨和邵瑞茨（Deniz and Saurez，2005）、周立新（2011）和陈建林等（2017）认为，家族文化、家族价值观和家族愿景是不同类型家族企业社会责任导向和行为差异性的重要决定因素。贝罗尔（Berrone，2010）实证研究表明，从事污染行业的家族企业为了提高企业的形象（如保护企业的SEW），往往比非家族企业对社会污染得更少，如果企业聚集在特定社区内，尤其如此。

第二，关于个体维度方面。戴维斯和保罗道姆（Davis and Blomstrom，1966）把个体特征作为社会责任的主要贡献者，但目前关于家族企业社会责任个人维度影响因素的研究成果相对较少，主要涉及家族企业所有者的受教育程度、价值观和经历以及年龄、性别等人口统计特征等方面。例如，有学者认为，家族企业参与慈善活动的动机主要包括家族或其宗教价值观（Wood，1996）、家族企业所有者儿时的经历（Nichols，1996）等。戈弗雷（Godfrey，1995）指出，家族企业中女性管理者比男性管理者更易于持有一套平衡企业利润和社区关系的价值观，表现出较高的社会责任意识。丹尼斯和苏亚雷斯（Deniz and Suarez，2005）认为家族文化、家族价值观和家族愿景是不同类型家族企业社会责任导向和行为差异性的重要决定因素。亚曼等（Amann et al.，2012）研究也认为，日本企业盛行的儒家思想使企业常常能够像对待自己家族成员一样保护企业的员工（见表4.2）。

表4.2　　　　　　　　家族企业社会责任行为动因研究动态

类型	维度	行为动因	代表文献
外部动因 （制度维度）		法律制度，社会公众压力等	Morck and Yeung，2004；Block and Wagner，2010
内部动因	组织维度	企业规模、创新倾向、组织成本，企业形象和声誉，公司治理等	Niehm et al.，2008；Amann et al.，2012；Baumann et al.，2013；Godfrey，2005；Hubert Shea，2007
	个人维度	所有者受教育程度、经历、年龄、性别，家庭文化和价值观等	Wood，1996；Nichols et al.，1996；Godfrey，1995；Salvato，2002；Deniz and Saurez，2005

资料来源：张洪君. 家族企业社会责任的社会情感财富行为动因分析［J］. 财务与金融，2014（5）.

另外，社区规模、行业属性、企业在本地区设立的时间长度、企业名称中是否包含家族姓名、所有者的代际、行业类型等也是影响家族企业社会责任的重要调节变量（Uhlaner et al.，2004；赵天骄等，2019）。

（三）社会情感财富动因分析

2007 年，以戈麦斯－梅加（Gómez-Mejía）为代表的一批学者提出的社会情感财富（SEW）模型，为家族企业社会责任的行为动因分析提供了新视角。按照社会情感财富理论，家族企业通常以家族负责人作出的保护家族企业社会情感财富作为其决策的主要参照点。家族企业履行社会责任往往是为了建立或维护家族企业的形象和声誉，保护家族企业的社会情感财富。对于家族企业社会责任的社会情感财富保护动因，得到了一些学者的研究支持。戴尔和惠滕（Dyer and Whetten，2006）通过比较 1991～2000 年 S&P 500 企业（非家族企业 202 家，家族企业 59 家）发现，家族企业比非家族企业更可能承担社会责任，这可能部分是因为家族的形象和声誉与他们拥有的公司难解难分地连在一起的，因而不愿意因为企业不负责的行为而损害他们的声誉，以此希望保护企业和家族的资产。贝罗内等（Berrone et al.，2010）通过实证分析 1998～2002 年美国污染行业的 194 家企业发现，为了提升家族形象，家族企业往往比非家族同类企业对环境造成的污染更少，虽然采取这样的行为不会为企业带来任何经济回报，他们仍然这样做。就是说，家族企业对社会情感利益的评价要高于潜在的经济不确定性，他们倾向于从长期的声誉保护心态设计战略规划，而不是仅仅为了短期的经济利益。大卫等（David et al.，2013）也认为，家族成员对家族企业的高度认同激发他们去追求对其有利的企业声誉，以保护家族的 SEW。贝罗内等（Berrone et al.，2012）从"家族控制和影响"这一 SEW 维度分析认为，家族控制权较低的情况下，即使家族有足够的合法性和紧迫性去实施有利于环境保护的政策，但与其相对的其他（非家族）股东相比，也不可能有足够的控制权去实施这个存在潜在风险的策略。但是当家族涉入程度增加时，家族的观点可能会得到更多关注，因此，家族就可以在较少限制下实施有利于环境的政策。从

"家族成员对企业的认同"这一维度分析，家族成员则把企业看作家庭的延伸，十分注重企业的内部管理（包括对员工的态度、内部流程的合理设计、提高产品和服务的质量等）和对外形象（对顾客、供应商和其他外部利益相关者的反馈）。由于对企业名称的强烈认同，公众对家族企业的谴责从感情上说对家族成员就是一场灾难，因此，家族企业就会为保护 SEW 而表现出更高的社会责任水平和良好的社区公民形象。还有研究表明，在对利益相关者管理问题上，家族企业更倾向于采取积极的利益相关者参与行动，因为这样做会保护和提升他们的 SEW（Cennamo et al.，2012）。

（四）行为动因研究述评

以上学者从社会情感财富保护的视角有效地解释了家族企业社会责任履行的非财务目标行为动因，填补了企业社会责任研究中组织层面分析相对较多、个体层面分析相对较少的缺陷。但是由于 SEW 理论模型的研究才刚刚起步，现有研究不可避免会存在不足，例如，现有研究常常把家族负责人个人对企业的情感与整个家族的社会情感财富相混淆，因为家族成员之间会存在目标冲突，不同家族成员的家族主义倾向也可能存在差异；对制度环境的分析相对较少；SEW 的构成维度还有待完善；忽略家族企业之间的异质性等。

与国外家族企业相比，我国家族企业发展时间短，多数企业还是由创始人经营，部分企业已经开始面临由第二代接班的代际传承阶段。因此，在社会责任方面家族企业只是履行一定的经济责任和法律责任（有些中小型家族企业甚至连法律责任还没有完全履行），而涉及伦理责任和慈善的责任这两个方面的意识则更加淡薄，近几年一些民营企业不断发生许多"不负责任"的社会现象，其中不乏较大规模甚至知名的家族企业，暴露出我国家族企业社会责任感的普遍缺失。因此，研究家族企业社会责任的行为动因，对我国本土家族企业社会责任的履行及其可持续发展问题的研究具有重要的现实意义。

国外学者从 SEW 理论角度研究家族企业社会责任的行为动因为中国本

土家族企业社会责任的研究提供了一定的启示。

首先，应注重企业家等家族成员个体层面的分析。目前大多数文献关注组织层面的分析，个体层面的分析相对较少，阿吉尼斯等（Aguinis et al.，2012）通过对世界上 17 个顶级管理学杂志的 CSR 文献研究后发现，涉及个体层面研究的 CSR 文献仅占 4%。王昶等（2013）通过梳理国外企业社会责任研究进展后认为，中国经济转型时期各地区市场化进程的明显差异对企业家社会责任导向的形成和影响是当前 CSR 急需研究的重要问题。因此，家族企业所有者、管理者及其家族成员的个体特征以及几千年来的中国儒家思想等传统文化必然会影响家族企业的社会责任决策行为。

其次，应注重家族企业内部治理结构特征的分析。家族企业中，主要包含家庭、家族、泛家族等特殊的内部利益相关者以及家族以外的企业股东、管理者、雇员、供应商、客户和社区等外部利益相关者，因而表现出亲缘关系、家族信任、家长权威和利他主义，形成正式的契约治理和非正式的关系治理两个方面内容。家族企业的所有权结构、关系型控制权配置、两权合一程度等内部治理结构特征对家族企业社会责任意识的形成和行为的实施均具有重要影响。

最后，应结合制度层面进行多层面组合分析。中国转型经济时期特殊的制度背景深深地影响着家族企业社会责任的履行，政府应充分发挥其政策引导作用，以及地方政府和相关职能部门对企业社会责任信息披露的监管作用（赵馨燕，2011），使企业家真正认清企业承担社会责任对社会和企业自身所具有的双重价值，从而推动企业自觉地承担社会责任。因此，中国本土家族企业社会责任研究应充分关注中国传统文化对家族的所有者、管理者的影响以及家族群体的个体特征，将制度、组织和个体进行多层面整合，形成较完整的理论框架，以更好地指导和推动中国本土家族企业社会责任的实践（张洪君，2014）。

四、家族企业社会责任与公司治理

如何促使企业履行社会责任，建立一套有效的公司治理机制是其关键环节，目前企业社会责任已经成为公司治理研究的一个新领域。高汉祥等（2010）认为，公司治理与企业社会责任有共同溯源，在价值创造导向下构建公司治理框架，可以使企业社会责任内嵌于公司治理中，使两者有效融合（高汉祥，2012）。

戴尔和惠滕（Dyer and Whetten，2006）指出，家族所有权和管理控制权与家族企业社会责任之间关系紧密，家族企业的两权合一程度越高，家族更可能向企业灌输其价值观、身份和认知，从而执行企业社会责任措施的能力就越强，出于对组织身份、形象和声誉的关心及保护家族资产的渴望，家族企业更可能把资源投入企业社会责任领域。姜万军等（2006）认为，企业治理除了需要内部治理机制和资本市场外部治理机制以外，还需要第三种机制来代表并保障企业各种投资元素的利益，而企业责任以及与之相应的一套实施体系和监督机制，就是这种新的第三种治理机制的重要组成部分。为此，他们探索建立一套包括经济关系、社会关系和环境关系三个层面的规范民营企业社会责任的评价标准体系及其实施机构设置的基本设计原则和程序性建议。休伯特·谢伊（Hubert Shea，2007）以香港 HWL（Hutchison Whampoa Limited）集团为案例，研究了香港家族企业的公司治理与企业社会责任问题。由于香港企业中公司治理和社会责任存在许多问题，迫使 HWL 公司在信息披露、董事会结构、行为准则、政治策略以及慈善事业、社区志愿者、社会责任商业实践等方面采取有效的公司治理和社会责任战略战术，以满足各种利益相关者的利益需要，并提出家族企业应当采取健全的公司治理机制和企业社会责任策略，以使其在不损害家族利益前提下使各利益相关者利益最大化。周立新（2011）在实证研究家族涉入中的家族权力维度对企业社会责任的影响时，认为家族所有权对家族企业的内部人（投资者、员工）责任、外部人（消费者）责任有显著的正向影响，家族管理权对外部人（债权人）责任有显著的正向影响，家族所有权与管理权对环境责任、法律和伦理责任均有显著的正向影响。贝罗内等（Berrone et al.，2012）认为，家族控制权较低的情况下，即使家族有足够的合法性和紧迫性去实施有利于环境的政策，但是家族与其相对的其他（非家族）股东相比，在这样存在潜在风险的策略中不可能有足够的控制权。但是当家族参与增加时，家族的观点可能得到更多的关注，因此，家族就可以在较少的限制下实施有利于环境的政策。

第三节　关于家族企业社会责任与企业价值的研究

一、企业社会责任与企业价值

企业履行社会责任能否给企业带来回报，这是学术界和企业界共同关注的重要问题。关于企业社会责任与企业绩效之间或者企业社会绩效与财务绩效之间的实证研究成果较多，但可能是由于绩效衡量、样本和模型变量的不同使研究结论存在分歧（郑若娟，2012）。近几年，财务学界的企业社会责任研究者们通过实证研究了公司治理（CG）与企业社会责任（CSR）的关系、CSR 与企业财务绩效（CFP）之间的关系（Baron et al.，2011；Garcia-Castro et al.，2010；Jo and Harjoto，2011、2012；Young and Thyil，2014；Rahim and Alam，2014；陈建林等，2017；叶艳等，2019）。研究发现，CSR 投资和绩效与董事独立性、董事会领导层、机构所有权、分析师预警等这些内外部公司治理机制显著正相关（Jo and Harjoto，2011），CSR 显著影响 CFP，CSR 还可以解决管理者与利益相关者之间的冲突（Jo and Harjoto，2012）。尽管关于 GSR 与 CFP 之间关系还没有形成完全一致的结论，包括正相关、不存在相关关系和负相关。例如，张兆国等（2013）通过尝试建立企业社会责任综合评价指数和剔除盈余管理之后的财务绩效指标，运用系统 GMM 方法，实证分析了企业社会责任与财务绩效之间的交互跨期影响，研究结果表明，滞后一期的社会责任对当期财务绩效有显著正向影响，当期财务绩效对当期社会责任有显著正向影响。克瑞斯道曼等（Crisóstomo et al.，2011）的研究表明，企业的社会责任与企业价值负相关，企业履行社会责任会降低企业价值；王建琼等（2009）以每股收益衡量企业价值，并分别研究其与政府供应商之间的关系，结果表明与政府呈正相关关系，而与供应商则相反。朱雅琴等（2010）以沪深两市 1318 家上市公司为样本，运用回归分析法对企业社会责任的履行与企业价值的相关性进行实证分析，结果显示，企业对不同利益相关者的社会责任对企业价值的影响不同，企业履行对政府对职工的社会责任会提升企业价值，履行对投资者的社会责任会降低企业价值，履行对供应商的社会责任与企业价值的相关性并不显著。

二、家族控制与企业社会责任

家族所有权和管理控制权与家族企业社会责任之间的关系非常紧密，家族企业的两权合一程度越高，家族就更可能向企业灌输其价值观、身份和认知，进而对企业社会责任的实施能力就越强（Dyer and Whetten，2006）。贝罗内等（Berrone et al.，2010）基于 1998～2002 年美国 194 家企业的样本，实证检验发现，家族上市公司通过采用比非家族企业更好的环境绩效来保护他们的社会情感财富（socioemotional wealth）以及家族所有权对环境绩效的积极影响。布洛克等（Block et al.，2014）基于组织和家族认同视角，认为家族所有权对不同的 CSR 维度会有不同影响，家族企业对待 CSR 上可能同时是负责任的又是不负责任的，实证研究显示，家族所有权与社区相关的 CSR 绩效负相关，与多样性、员工、环境和产品相关的 CSR 绩效正相关，而家族所有权对 CSR 绩效影响最大的则是与产品相关的 CSR。学者们还从家族涉入角度研究了家族企业治理与 CSR 之间的关系，结果显示，家族涉入的影响模式和价值观在家族参与 CSR 时表现出来的异质性中发挥了重要作用（Pilar et al.，2014）；家族涉入会影响 CSR 信息披露，那些努力保持家族权威或者注重家族特征的企业比那些对外部人更加开放的企业将更少地披露 CSR 信息（Lybaert，2014）；家族在所有权方面的涉入会积极影响家族企业慈善行为，而家族在管理权方面的涉入则会产生消极影响（Giovanna et al.，2014）。也有学者（Xingqiang Du，2014）以中国家族企业为样本，检验了企业慈善行为与环境不当行为之间隐藏的关系，研究表明，企业环境不当行为与企业慈善捐赠是高度正相关的，使公众从他们的环境不合规行为上转移注意力可能是除战略性、政治性、利他主义和管理者私利动机意外家族企业慈善捐赠的另一个动机。陈建林等（2017）从家族控制视角，检验家族实际控制与企业社会责任之间的关系，并探究了高管薪酬激励强度对家族企业社会责任的影响程度。

三、家族企业社会责任与企业价值

由于家族企业社会责任问题的研究才刚刚开始，目前关于其与企业价值的关系问题研究成果还相当稀少。尼娅姆等（Niehm et al.，2008）利用 NF-BS（national family business survey）样本数据，通过社区承诺、社区支持和社区意识三个维度研究描述了家族企业的社区社会责任与家族企业绩效的关系。结果显示，社区承诺与感知的（perceived）/主观的（subjective）家族企业的绩效显著正相关，而社区支持与家族企业的财务/客观（objective）绩效正相关。奥博伊尔等（O'Boyle et al.，2010）在大量文献关于"家族参与程度越高，企业越关注伦理行为"（即家族企业更具有社会责任意识）观点基础上，基于家族涉入视角进一步提出，注重伦理行为的家族企业更可能使企业增加竞争优势，从而提高企业的财务绩效，并以美国 526 家家族企业为样本通过了实证检验。周立新等（2012）将家族企业社会责任与企业绩效的关系放入内部能力和外部关系的角度进行分析，利用浙江和重庆两地 351 家家族企业调查数据，实证检验了家族企业的内部能力和外部关系在家族企业社会责任与企业绩效之间起调节作用，认为中国家族企业社会责任与企业绩效关系存在情景依赖性特征。

四、家族企业社会责任与企业可持续发展

承担社会责任有利于家族企业的成长和可持续发展，这一点学术界已经达成共识。例如陈凌等（2008）认为，家族企业承担社会责任有利于提升企

业品牌的知名度和美誉度、树立良好的企业形象、赢得消费者的信任、提高员工的忠诚度，从而增强企业的竞争力。尼娅姆等（Niehm et al.，2008）实证研究发现，家族企业社会责任能够使家族企业产生明显的竞争优势，认为家族企业作出的社会责任行为确实有助于小型农村社区中家族企业的可持续发展。家族企业履行社会责任有助于延长生命周期，积极履行社会责任的家族企业能获得更大的发展空间，从而增强企业的生命力（马丽波等，2009；孙家宝，2019）。文革等（2009）通过对家族企业目标动力机制及可持续发展动力机制两个方面的分析，建立了家族企业社会责任与可持续发展的基模，并认为承担企业社会责任与家族企业可持续发展两者之间是一致的，并相互促进。费尔南多等（Fernando et al.，2012）通过人为影响（human impact）、道德善良（moral goodness）和无条件的社会改良（unconditional societal betterment）三个维度分析了斯里兰卡家族企业 MAS 控股公司战略性 CSR 举措的组织正义（organizational virtuousness），并发现企业战略性 CSR 举措具有正义性是因为在以上三个维度上表现出对社区的积极捐赠，而不管企业是否产生利润和媒体或声誉优势。

第四节　现有文献述评

通过对国内外有关家族企业社会责任的文献研究发现，该领域的学术研究虽然仅有十年左右的时间，却取得了较丰富的研究成果，但综合国内外研究现状，笔者认为，国内针对家族企业社会责任投资与企业价值相关性的理论与实务研究还不充分。主要表现在以下四个方面。

1. 有关家族企业社会责任投资的研究较为稀少。大量社会现象表明，当前家族企业不履行社会责任的行为与家族所有权、控制权等内部治理结构密切相关，影响公司价值。而外部制度环境、家族控制权对家族上市公司的社会责任投资结构影响的经验研究相对较少。

2. 目前关于家族企业社会责任的基本理论研究还不够充分。正如肖红军等（2013）分析当前国外企业社会责任研究领域存在的障碍时所阐述的：缺乏明确统一的逻辑和有效理解 CSR 的框架等。从研究方法上看，国外学者采用实证研究方法较多，或通过问卷调查法，或通过案例分析法，而数量较少的国内研究成果主要采用规范研究方法，实证研究方法很少。总体上看，由于该领域的研究起步较晚，再加上经济社会的快速发展，使目前家族企业社会责任的研究远远不能满足现实社会发展的需求，有待以后更深入的研究和探讨。

3. 关于家族企业社会责任投资影响因素方面组织层面的分析相对较多，涉及个体层面和制度环境层面的研究相对较少。一方面，在研究家族企业的社会责任意识和行为问题以及家族企业社会责任的影响因素或动因的分析时，组织层面的分析相对较多，涉及个体层面和制度环境层面的研究相对较少，其原因可能是学术界对一般的企业社会责任的研究也存在这方面的问题所致，而且绝大多数仅是单个层面的分析，多层面整合分析较少。另一方面，有关家族企业社会责任与社会绩效之间、社会绩效与财务绩效之间关系的研究相对较少，奥博伊尔等（O'Boyle et al.，2010）称之为稀少的研究领域。

4. 缺乏对不同维度的企业社会责任投资结构与企业价值相关性以及对企业价值的贡献度等问题的研究。现有文献关于企业社会责任投资与企业价值的研究仅局限于是否存在关联关系，对企业社会责任不同维度对企业价值的影响程度进行研究还很缺乏。

针对上述研究现状，笔者认为，本书在理论和实务上都存在着较为宽广的研究空间。因此，本书将在以下方面作出创新：一是探究企业社会责任投资结构理论；二是研究家族企业背景下社会责任投资及其结构对企业价值的影响机制，并探究其最佳社会责任投资结构；三是针对理论分析和实证研究结果，提出优化我国家族控股上市公司社会责任投资结构以及提高其社会责任投资水平的对策建议。

| 第五章 |

中国家族企业社会责任履行的现状分析

当前，随着中国家族企业的快速发展，家族企业正处于传承换代和新一轮转型升级的特殊时期，同时，在"扎实推进共同富裕"背景的推动下，越来越多的家族企业更加注重企业社会责任对家族企业发展所起的重要作用，努力提高企业社会责任报告的编制水平，进一步拓宽企业社会责任信息披露的范围。家族企业不仅把履行社会责任作为企业持续健康发展的重要任务，而且也在企业社会责任各个方面不断寻求创新与突破。

第一节　家族企业的概念和特征

家族企业是人类历史上最早出现的企业形式，在当今高度发达的市场经济条件下，家族企业仍然在世界各国普遍存在。大多数国家中有超过60%的企业为家族企业（IFERA，2003），具体而言，美国标准普尔工业指数公司中的家族企业超计35%（Anderson and Reeb，2003），英国的家族企业占75%左右，意大利和中东的家族企业则高达95%以上（Neubauer and Lank，1998），西班牙的家族企业比例为75%并且创造了65%的GNP（IFERA，2003），中国约90%的民营企业表现为家族控制。家族企业在商品生产、社会就业、国家税收等方面扮演着重要角色，在世界许多国家的经济发展中发挥着不可估量的作用，这一点已经逐渐达成共识（Gersick et al.，1997；Dyer，2003；Chua et al.，2003；麦木蓉等，2020）。

一、家族企业概念界定

（一）家族企业概念的研究现状

家族企业一直是全球关注的热点话题，但直到 20 世纪 80 年代以后，家族企业的研究才成为一个系统性的研究领域。与管理学的其他领域相比，家族企业领域的学术研究才刚刚起步（Amann et al.，2012）。一般而言，家族企业研究的起点是如何界定家族企业，其研究历程其实就是对家族企业概念、内涵和特征的认识不断深化不断完善的过程（李新春等，2020）。由于家族企业研究主要以经济学、管理学、社会学、心理学等理论为基础，因而至今学者们还没有形成一个统一的家族企业概念。

目前，对家族企业概念界定主要包括三类观点：第一类，从家族治理角度进行界定。这种观点认为，家族企业是由家族成员组成和参与而形成的独特的、不可分割的资源和能力，它会对企业战略方向产生较大影响（Davis and Tagiuri，1989；Habbershon et al.，2003）。第二类，从家族行为视角进行界定。这种观点认为，家族企业是由同一家族或少数家族成员控制的，以家族延续传承方式经营的企业（Chua et al.，1999）。第三类，从家族文化角度进行界定。这种观点认为，家族控制意图等家族文化和价值观是家族企业文化的重要支柱，家族企业因而与其他企业区分开来（Aronoff，2004）。

另外，对家族企业的测量标准同样存在着不一致，也没有形成统一的标准（Rau et al.，2018）。现有文献普遍认为，家族所有权和控制权是家族企业区别于其他企业的重要特征（Chrisman and Patel，2012；Gómez-Mejía et al.，2007）。目前主要有两种观点。第一种观点认为，家族企业应具有：（1）上市公司最终控制人为家族自然人或家族，并且直接或间接是上市公司第一大股东（Chrisman and Patel，2012；Singla et al.，2014）；（2）最终控制人对上市公司具有实质控制权，即直接或间接持有至少10%的上市公司投票权（Anderson and Reeb，2003；苏启林和朱文，2003；Villalonga and Amit，2006）。第二种观点认为，家族企业的标准应为：（1）至少有1个家族成员在高管中任职；（2）家族至少持有25%的股份（De Massis et al.，2012），这也是大多数企业采用的标准。阿卢什等（Allouche et al.，2008）对以往文献进行了总结，发现大多数家族企业概念至少包括三个维度：（1）一个或几个家族主要控制企业的资本；（2）家族成员必须拥有企业的有效控制权，包括在法律法规限制之内对资本的分配及对非家族股东的选举权；（3）家族成员必须担任其控制的家族企业的高管。基于以上维度，克里斯曼等（Chrisman et al.，2003）认为，"在最基础的层面上，家族企业与其他追求盈利的组织的区别在于家族对企业的决策和经营活动有重要影响"。

（二）上市家族企业概念界定

结合国泰安CSMAR数据库公司研究系列《中国民营上市公司数据库》对家族企业的描述，本书采用比较宽泛的定义，即上市家族企业应同时满足下列条件。

1. 实际控制人为家族成员。根据《中华人民共和国公司法》的规定，实际控制人是指虽然不是公司的股东，但通过投资关系、协议或者其他安排，能够实际支配公司行为的人。简言之，实际控制人就是实际控制上市公司的自然人、法人或其他组织。

对于自然人数较多、但彼此之间不存在血亲或姻亲关系的企业不属于本书界定的家族企业。

2. 实际控制人拥有上市公司控制权比例达到10%以上的家族企业。关于上市公司的控制权，我国《上市公司收购管理办法》规定，有下列情形之一的，为拥有上市公司控制权：（1）投资者为公司持股50%以上的控股股东；（2）投资者可以实际支配上市公司股份表决权超过30%；（3）投资者通过实际支配上市公司股份表决权能够决定公司董事会半数以上成员选任；

（4）投资者依其可实际支配的上市公司股份表决权足以对公司股东大会的决议产生重大影响；（5）中国证监会认定的其他情形。

3. 实际控制人拥有上市公司所有权比例达到10%以上的家族企业。即家族实际控制人所拥有的企业所有权占全部所有权的10%以上，这样的企业才界定为家族企业。

二、中国家族企业的基本特征

（一）家族企业的所有权与经营权高度集中

家族企业一般都由以具有领导力及领袖力的家长所引导创立，这位家长在实际企业的运行过程中处于核心地位，他们的处事风格及行为习惯对企业的经营运行产生非常深远的影响。家族创始人或实际控制人为了维护企业利益，保证基业长青，更有动机去监督管理层（王化成等，2015）。同时，两权统一的情况下，所有者与经营者集中于一人，这样在一定程度上会增强企业的决策效率，及时捕捉市场信息并作出反应。家族企业采用亲缘联系使企业在发展初期迅速合并资源，管理层能够统一发声，提高决策效率，使企业能够快速实现原始积累。

（二）家族治理是家族企业内部管理的重要形式

家族企业与非家族企业不同的是，家族企业由亲缘等天然关系所连接，参与者之间有一种无法比拟的天然纽带，人与人之间有无法复制的默契及信任关系，从而形成"家族控制权"。家族控制权主要是指家族成员在董事会或高管中的席位和投票权，一般要求至少有一位家族成员参与董事会或在高管团队中任职（Anderson and Reeb, 2003; Chrisman and Patel, 2012; Singla et al., 2014）。家族企业参考现代企业架构设计管理架构，董事会及股东大会的设置对于家族企业并没有特别大的牵制力，家族企业成员之间的管理自主性及随意性更强，家族涉入和个人权威影响着家族企业的治理。但是，家族企业一直受到家族血缘等裙带关系的干扰，依靠身份地位所形成的非正式权威和非正式流程来影响决策，这可能会降低现代组织的治理效率和绩效水平（李新春等，2018）。

（三）产权关系简单，产权主体明确

家族企业的规模对于其产权关系的影响较大，家族企业的规模越小，一般情况下其所有权相对集中。企业规模的变化对于家族企业如何均衡地控制也会有较大的影响。部分家族企业随着规模的扩大，经营能力的加强逐步需要设立董事会及股东大会等现代企业较为全面的管理架构，较多的家族企业虽然名义上设立了管理架构，但是实际情况下还是由家族企业中的"家"进行掌控。

（四）家族企业的资金来源于家庭财富的积累

家族企业具有强烈的责任感，依赖高度统一、灵活多变和快速敏捷的决策经验实现对市场机遇的把握。由于家族企业的控制权往往掌握在一个或多个家族手中，所以其在经营决策中拥有绝对的话语权。相应地，风险的分担和利益的分配也是由家族完成的。由于家族企业内部管理的架构尚未成熟，社会公众会对其利益分配等常规的组织活动产生怀疑，进而影响家族企业形象。加之我国中小企业金融体系和政策的不完善，以及资本市场严格的准入制度，我国绝大多数的家族企业很难像西方那样从银行或资本市场获得资金，所以创业资金主要来源于家族财富的积累，不仅如此，其发展所需的资金通常也是靠企业的自我积累。

第二节　中国上市家族企业社会责任的履行现状

2020年，黄群慧等发布了《中国企业社会责任研究报告（2020）》，其中选取了在中国规模巨大、责任重大的300家企业，包括100家国有企业、100 家民营企业以及 100 家外资企业，分别发布了企业社会责任发展指数。由此，可以总结归纳出中国上市家族企业社会责任的履行现状。

一、民营家族企业更加注重股东责任的履行

研究显示，从总体上看，中国企业 300 强的社会责任指数偏低，整体处于起步阶段。责任实践表现优于责任管理，社会责任指数高于本质责任（包括股东责任和客户责任）和环境责任。国有企业 100 强社会责任指数得分远远高于民营企业和外资企业。

报告显示，2020 年民营企业 100 强社会责任发展仍然处于起步阶段，约 30%民营企业社会责任发展指数达到及格线，但仍有 50%企业在旁观。民营企业 100 强的本质责任（包括股东责任和客户责任）好于社会责任（包括政府责任、伙伴责任、员工责任、社区责任等）和环境责任，其中，股东责任指数得分最高，政府责任相对较高，环境责任得分较低（黄群慧等，2020）。可见，民营企业比较注重披露股东责任和政府责任的相关信息，对于绿色生产信息则披露较少。

二、民营家族企业的慈善捐赠数量最多

2020 年全球暴发了史无前例的新冠肺炎疫情，各类组织纷纷进行抗疫捐款，其中，民营企业抗疫捐款最多，达 210.9 亿元，占捐赠总额的 60%。体现了民营企业高度的社会责任感和利他主义精神（见图 5.1）。

2017 年《中国慈善捐助报告》显示，2017 年我国境内接受国内外款物捐赠共计 1499.86 亿元，约 64.23%的慈善捐赠来自企业，捐赠额达到 963.34 亿元。其中民营企业全年捐赠达 482.83 亿元，占企业捐赠总量的 50.12%。

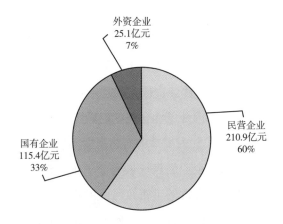

外资企业
25.1亿元
7%

民营企业
210.9亿元
60%

国有企业
115.4亿元
33%

图5.1　2020 年不同性质企业抗疫捐款金额占比

资料来源：黄群慧，钟宏武，张蒽．中国企业社会责任研究报告（2020）［M］．社会科学文献出版社，2020.

三、家族企业社会责任投资整体呈显著增长趋势

2013 年，全国工商联研究室、中国民（私）营经济研究会家族企业课题组和浙江大学、香港中文大学、澳门大学、台湾义守大学等多所大学及李锦记家族共同完成《中国家族企业社会责任报告》。报告显示，在中国大陆，民营企业已超过 750 多万家，占全国法人企业总数 70% 以上，其中 95% 以上为家族企业。调查显示，中国大陆家族企业在经济、法律、环保等社会责任履行上，呈显著增长趋势。大多数年份中，家族企业为扶贫、救灾、环保、慈善等公益事业捐助金额高于非家族民营企业，在环保投入上增长幅度也比非家族民营企业大。

上市家族企业通过重视研发投资，努力提高企业绩效，更好地履行投资者责任和客户责任。2016 年《中国上市家族企业创新报告》显示，有研发投资的家族企业利润率明显高于没有研发投资的，所有权和管理权合一的家族企业研发投资的意愿更强。2016 年家族企业的创新投入达 4%，家族企业获得专利授权的数量高出国有企业将近 17 个百分点，这一结果充分说明，

家族企业是推动我国科技创新的一股重要力量。

家族企业重视社区责任，努力提高家族企业声誉，积极投身于扶贫开发、公益捐赠事业，勇于带动贫困地区进行脱贫致富。叶艳等（2019）通过研究中国 3759 家民营企业的社会责任，发现家族企业社会责任带有选择性参与特点，家族企业在承担内外部社会责任时遵循不同的行为逻辑，并且优先遵循"惠外"的行为模式。为了寻求当前制度环境下家族企业的合法性身份，在对外慈善捐赠上家族企业的表现远远好于非家族企业。但是，对于家族企业内部员工，采用经济理性的逻辑，尽可能减少对员工的投资，以获得更多的家族收益权，因而在内部员工的投入上远远低于非家族企业。

整体而言，中国家族企业发展中更多关注的是财富创造，注重自身经济价值的提高，但也逐渐开始重视非经济价值的创造，提高企业的声誉资本。因此，家族企业更倾向于履行对投资者、政府和社区公益的责任。

第三节　中国上市家族企业社会责任履行的特点

根据上述中国家族企业社会责任的履行现状，结合中国家族企业的特点，可以总结出中国上市家族企业社会责任履行具有以下三个特点。

一、家族企业创始人的个人权威影响家族企业社会责任意识

家族企业最初由家族个人创立，家族创始人在家族企业的成长和发展中起到至关重要的作用，尤其对家族企业的投资方向和治理结构涉入极深，因此，家族企业的发展和壮大在很大程度上取决于家族创始人的个性与能力。李新春等（2018）认为，非正式的关系治理普遍存在于中国家族企业，具有不可忽视的特殊意义，因为家族的涉入而带有很强的关系性特征（李新春等，2005），集中表现为企业家所具有的非凡品质之上的魅力型权威，是对血缘和亲缘为纽带的家族内部的权力分配与制衡。一般来说，家族涉入越

大，其家族非正式干预和关系治理也越强。家族企业中创始人及其他家族成员通常具有较高的家族权威，使家族成员对家族企业的重大决策和治理结构具有控制权，主要通过身份、地位等差序化的个人权威进行资源配置和家族治理（贺小刚等，2008）。

企业社会责任在一定程度上能够折射出企业家的一种责任感，对家族企业而言，它与家族创始人或实际控制人的个人经历、教育背景和价值观等密切相关。有资料表明，在家族企业创业前或创业初期，曾接受社会或他人资助过的家族企业主，一般来说回馈社会与公众的意识和驱动力更强。另外，家族企业社会责任意识也会受到家族创始人或实际控制人的创业人动机和传承意识所影响，努力建设家乡改变家乡旧面貌的家族企业创始一般会比仅为实现家族自身利益的创始人具有更强的企业社会责任意识。同时，家族企业对员工、供应商、客户等方面的责任也在逐渐加强，因为家族企业的许多员工是与家族创始人共同奋斗一起创业走过来的，而家族企业的供应商和客户有些也是家族在经营中延续和积累下来的，所以家族企业也会很注重这些方面的投资。

二、企业不同发展阶段和企业规模影响家族企业社会责任实践

企业的成长是一个动态过程，而且包含了多个发展阶段。由于企业的发展受多种因素的影响，企业在不同发展阶段所面临的问题是有差异的，企业进行战略投资和策略选择时应权变地予以应对。学者们也进行了相关研究，弗兰克等（Frank et al.，1981）基于企业需求构建出企业生命周期与企业社会责任相互关联的理论模型；在企业某一特定的生命周期阶段，各企业利益相关者会表现出不同的潜能，因而对不同的利益相关者体现出不同的重视程度。但是，当企业进入下一个发展阶段，企业对利益相关者的重视又会出现新的变化。因此，企业对企业社会责任的认知和承受能力会受到企业自身不同的发展阶段的制约，其社会责任投资也会呈现出动态变化的特征（李程骅等，2008）。

对家族企业而言，在创业初期其首要目标是在复杂的市场竞争中立足，以生存为经营第一要务，在这一阶段应主要承担经济责任，满足股东利益最大化目标。而社区等公益责任等自愿性的企业社会责任会使在激烈市场竞争中生存的家族企业雪上加霜。随着家族企业通过自身努力而逐渐得到客户的认可，企业有了一定的发展规模，并在市场和行业中已占有一席之地。这时候家族企业为了塑造良好的企业形象和声誉，可以对社会进行慈善捐款等，而主动承担一些非强制的社会责任，使家族企业得到社会的认可和更多的期待。但是，由于中国家族企业的特殊性和企业社会责任投资的复杂性特点，其企业社会责任投资可能并不会随着家族企业的不同发展阶段而呈现出一定规律性。苏琦和李新春（2004）认为，与现代化管理的企业生命周期曲线相比，由于家族企业管理模式中高集权、强大的向心力与凝聚力等优势，家族企业发展水平并没有落后于现代化管理企业，但是当企业发展到一定阶段，企业控制权集中在家族成员手中，家族企业治理模式的弊端逐渐暴露出来，从而影响企业生命周期理论对家族企业社会责任投资的适用性，体现出家族企业社会责任投资的复杂性和特殊性。

与上述企业生命周期对企业社会责任投资的影响相适应，由于不同发展阶段在一定程度上也体现了企业规模的大小，因而也会影响家族企业社会责任投资的分配。研究发现，规模较小的企业往往把主要资源用在企业自身的发展上，而大型企业的企业社会责任投资动力则更加充足，实际履行表现得也更加优秀（Ciliberti et al.，2008）。维克特等（Wickert et al.，2016）通过构建企业规模和企业社会责任投资之间的理论模型并进行实证检验发现，企业社会责任投资会随着企业规模的不断扩大而拉大它们之间的距离，但也发现，有些小企业也具备提供较高社会效益的能力。企业规模扩大可以有效增加企业的盈利能力，提高其经营水平，资源的丰富性能够促进企业社会责任方面的投入（梁斌等，2013）。因此，对于家族企业而言，企业规模的大小也是影响其企业社会责任投资策略选择的重要因素。家族企业应当根据企业规模的实际和资源的充足程度合理规划企业社会责任投资，最大限度地实现家族企业的可持续发展。

三、制度环境和市场竞争影响家族企业社会责任投资维度

市场竞争强度也不同程度地影响着家族企业社会责任投资。市场竞争强度指的是企业所处的行业竞争状况，市场竞争强度会影响企业的各项决策行为。贾兴平等（2014）认为，市场竞争强度与企业社会责任之间呈曲线关系。市场竞争越强，企业为获得投资者的支持、增大客户范围、履行与供应商的契约责任，可能会努力满足各个利益相关者的需求，将更多的资源进行企业社会责任投资。但是，随着竞争的加剧，市场环境日益恶劣，同时由于企业资源的有限性，企业就会权衡各方面的因素，选择企业社会责任投资的对象或投资组合，以最大限度地规避风险，这时，企业的社会责任投资可能就会有所降低，或者不能兼顾企业社会责任投资的各个维度。

第六章

家族企业社会责任投资与企业价值：
理论建模

本章从企业社会责任投资的概念辨析、企业社会责任投资各个维度对企业价值提升的作用机理、建立理论分析框架进而提出相关假设三个方面，理论研究家族企业社会责任投资对家族企业价值的影响。

第一节　家族企业社会责任投资维度及特征

如前所述，企业社会责任的概念从 18 世纪前企业还未形成时就存在，经历了多年的演变，学者们从不同视角不同层面对此概念进行探讨，分别阐述了对企业社会责任概念的不同理解。但是，至今在学术界和实践界还没有形成一个统一的具有权威性的企业社会责任概念。正如有学者认为，从本质上说，企业社会责任（投资）是一个争辩性的多维概念，所以可能没有必要形成一个通用的概念（Salmi Mohd Isa，2012；Okoye，2009）。

一、企业社会责任投资概念界定

本书所称企业社会责任投资，是指基于中国的制度背景和经济环境下企业对投资者、员工、客户和供应商、政府、社区和公众以及环境等利益相关者维度及其结构在企业内部资源上的投入和分配。这一概念与以下两个概念有所异同。

（一）企业社会责任投资与"社会责任投资"

本书中的"企业社会责任投资"，不同于20世纪70年代西方金融市场兴起的"社会责任投资"（即"伦理投资"或称"绿色投资"，简称SRI）。在这里，SRI的主体是金融市场上的所有投资人，包括企业、投资机构和部门或者个人，它是投资人为了实现经济、社会、环境、资源、生态等多种效益而进行的投资过程。SRI既是一种新型的投资理念，又是一种经济发展模式，其主要目标是促进企业在追求经济利益的同时，也要关注社会福利和环境保护等整个社会的发展。而本书中的"企业社会责任投资"的研究主体是企业，研究的是企业对企业的各利益相关者维度的投资，其主要目标是通过内部资源的合理分配，通过投资企业社会责任各个维度或者其投资组合，实现企业价值的提升。从实现方式上，企业社会责任投资以通过内部资源的合理分配来直接影响企业各个利益相关者为实现方式；而SRI投资则以货币选票的形式间接影响企业的资源分配而促进企业去履行社会责任。

（二）企业社会责任投资与企业社会责任履行、企业社会责任投入

本书中的"企业社会责任投资"，与研究企业社会责任相关文献中的"企业社会责任履行"或"企业社会责任表现""企业社会责任投入"也存在异同。相同之处表现在无论是本书中的企业社会责任投资，还是其他研究中的企业社会责任履行或表现以及企业社会责任投入，这些概念都是企业承担社会责任的路径。不同之处则表现在：企业社会责任履行或表现，体现的是企业社会责任行为承担程度的好坏（李哲非，2019），但却不能衡量企业社会责任的后果或效率；"企业社会责任投入"是与"企业社会责任投资"两个概念极为相似的，都是对企业资源在社会责任各维度的分配。但两者也存在差异：企业社会责任投入体现的是企业对利益相关者各维度投资的消极

被动性，企业一旦投入社会责任就不一定会产生收益；而企业社会责任投资的概念反映的则是企业对承担社会责任的积极性和主动性，通过投资企业社会责任，企业会从更高层面上认识到自己的价值，作为其回报，也必然会提高企业的经济绩效和企业价值。

二、家族企业社会责任投资维度及特征

（一）家族企业社会责任投资具有多样性

早在 1991 年，卡罗尔（Carroll）就提出了企业社会责任投资具有多样性，并提出了金字塔结构，认为企业除了应当承担经济责任，还应该承担法律责任、伦理责任与慈善责任。实践中，这样的分类是比较宽泛和模糊的，针对性不够强，缺乏操作性。基于费尔曼（Freeman，1984）的利益相关者理论，则可以明确企业社会责任投资的对象维度。也就是说，企业社会责任投资具有多样性，主要表现在企业在股东、债权人、员工、供应商、客户、政府、环境与社区等各维度的投资。从经济契约的角度来看，股东和债权人投入资金，员工投入劳动力，供应商提供原材料，并最终由客户进行购买完成价值增值（唐鹏程和杨树旺，2016），企业进行管理时可以从中选取。社区与环境是社会契约的重要组成，应将其作为企业社会责任投资的两个维度，企业对社区的责任主要表现在企业的慈善捐赠上，因为中国的捐赠总额中，企业捐赠占有较大比重，是社会捐赠的主体（唐跃军等，2014）。同时，我国经济由高速增长进入高质量发展阶段后，如何推动企业重视环境治理、提高环境投入成为重要课题，对当前我国民营（家族）企业的高质量发展有重要意义。另外，在中国，企业对于政府维度的投资对家族企业的发展也是特别重要的。因此，本书确定的家族企业社会责任投资维度包括投资者、员工、客户和供应商、政府、社区与公众、环境共六个维度。

（二）家族企业社会责任投资具有层次性

企业社会责任投资包含多个维度，正是有了各个利益相关者的资源，企

业才能更好地经营与发展，产生更多的价值创造。根据资源基础观，由于利益相关者掌握的资源与具备的能力不同，企业对其投入也会区分彼此的权重，越是有潜力使企业创造更多价值的利益相关者，越能在利益相关者群体中占据重要位置，企业才会将更多的资源投入那里。因此，企业会根据此重要性判断标准来决定各利益相关者的优先程度，形成利益相关者的层次划分，并据此确定企业社会责任投资结构。资源基础理论将利益相关者分为受首要利益相关者和次要利益相关者两个层次。首要利益相关者一般包括投资者、员工及供应商和客户，它们是提升企业价值的关键所在，而次要利益相关者一般包括社区与公众、环境等。但唐鹏程等（2016）认为，在市场制度与法制环境尚处于完善和发展过程中的中国，不适用这种划分。他们按照利益相关者与企业影响力的差值将企业社会责任投资的利益相关者分为三个层次，即首要利益相关者（仅指投资者维度）、主要利益相关者（包括员工维度、供应商和客户维度）和次要利益相关者（包括环境及社区维度）。

由于家族涉入对家族企业社会责任投资有很深的影响（周立新，2011；陈建林等，2017），考虑到成本收益原则，家族企业主和家族高级管理者们首先要考虑企业的生存和发展，追逐家族企业营利性目标，因而对利益相关者某个维度的投资是否会带来回报是其关键指标。另外，家族企业主或实际控制人的个体特征对家族企业的发展有一定影响，家族企业主的企业社会责任投资意愿对企业社会责任的履行进而企业价值的提升起到促进作用。为此，我们依据企业社会责任投资是否能得到直接的经济回报和家族企业主对待企业社会责任投资的态度两个层面，分成自愿有回报 CSR 投资、自愿无回报 CSR 投资、非自愿无回报 CSR 投资三个类型或层次。

（三）家族企业社会责任投资具有互补性

企业社会责任投资维度之间也具有一定的互补性，对某个维度的投资增加，可能也会相应地增加对其他某个或多个维度的投资增加，例如，当企业开展员工的技能和管理培训时，员工有了更高的积极性，会进一步提高生产产品或提供服务的工作效率，改进产品和服务的质量，会提升消费者的满意度，产品或服务的销售额可能会大幅增加，增加了企业绩效，进而增加股东的股利；企业在环境维度的投资，还需要供应商提供过更为绿色的原材料，也需要有对员工技能提升进行投资来支撑，最终通过消费者的溢价购买形成成本的降低和企业收益的增加。就是说，各类利益相关者的价值取向具有多元性，他们与其他利益相关者不是相互排斥的，在本质上他们都是一致性（Freeman，1984）。

同样，家族企业社会责任投资维度之间也具有互补性。例如，家族企业对社区和公众（如慈善捐赠）的投资增加，会提高家族企业的社会声誉和社会情感财富，相当于提供了很好的广告效应，进而增加企业产品的销量，企业价值就会有很多的提升，家族成员和股东就会有更多的投资回报。可见，家族企业社会责任各投资维度的互补性可交互影响公司价值，家族企业对某一企业社会责任维度增加投资并不代表它一定会减少对另一类企业社会责任维度的投资。因此，对于某些类型的企业社会责任投资维度，家族企业可将其进行整体投资，这些类型的投资维度在提高企业竞争能力、促进家族企业的可持续发展等方面都具有相当多的联系。但是，由于中国家族企业社会责任投资水平相对还比较低，对于能够给予家族企业直接经济回报的企业社会责任投资维度的组合（即股东维度、员工维度及客户和供应商维度），可能对家族企业更为重要。

（四）家族企业社会责任投资具有抑制性

企业社会责任投资维度之间的互补性明确了企业社会责任投资策略的具体实施，但是企业社会责任投资具有较高的成本，在企业资源稀缺的情况下，企业必须在各企业社会责任投资维度之间进行权衡，形成企业社会责任投资维度相互之间的抑制性，最为典型的就是对环境保护维度的投资。例如，作为民营（家族）企业，她们既是国民经济的重要组成部分，也是环境污染的重要源头，应当成为环境治理、实现高质量发展的重要主体。但有研究表明，2015 年新《环保法》实施后，企业环境治理压力过大与资源支持不足，导致不同财务状况的企业均采取缩减生产规模的消极应对行为（崔广慧和姜英兵，2019）。也就是说，短期内家族企业在环保投资维度的投资挤占了企业传统项目的投资，导致了产量和销量下降，进而降低了企业绩效，最终影响了投资者的收益。因为作为完全市场化的利益主体，当民营（家族）企业不再采取减产或转产措施来逃避政府的环保惩罚，而是通过加大环保投资（包括直接的购建环保设备、增配环保人员支出和间接的加大技术研发、促进生产技术提升和产品升级支出）实现本企业可持续发展时，就可以认为《环保法》所追求的目标在民营（家族）企业中得到了实现。企业社会责任投资会消耗企业所拥有的资源，而企业社会责任投资具有长期效应，它所产生的价值存在一定的滞后性，从而对公司有限资源的分配提出了要求。龙文滨和宋献中（2014）从资源投入角度研究了企业社会责任投资策略。研究发现，在同样的企业社会责任投资水平下，对企业社会责任投资维度进行集中投入是与企业价值正相关的，而对企业社会责任投资维度均衡投入产生的企业价值要低于其集中投入产生的企业价值。

第二节　家族企业社会责任投资提升企业价值的作用机理

如上所述，根据卡罗尔、克拉克森和米切尔等（Carroll, Clarkson and Mitchell et al.）的建议，即"针对每一个主要利益相关者群体考虑社会责任问题"，本书将企业社会责任投资的维度确定为投资者维度、员工维度、客户和供应商维度、政府维度、社区和公众维度以及环境维度六个，并将其划分为自愿有回报 CSR 投资、自愿无回报 CSR 投资、非自愿无回报 CSR 投资三个类型。

一、企业社会责任总投资对家族企业价值的影响

社会影响假说（the social impact hypothesis）认为，企业的社会表现越

好，就越能创造更高的财务绩效。按照该理论，企业履行社会责任可以体现出良好的诚信形象，获得较高的社会声誉，以此赢得监管机构的信任和政府部门的扶持，从而降低商业道德风险，增强企业市场竞争力，财务绩效和企业价值因而得到有效提升。对于家族企业，通过履行社会责任，建立或维护了家族企业良好的形象和声誉，家族企业的社会情感财富得到了有效保护（Godfrey，2005；Gomez-Mejia et al.，2011；Berrone et al.，2012），从而增强企业的竞争力，提升了家族企业的财务绩效（Niehm et al.，2008；马丽波等，2009）。

根据利益相关者理论，各利益相关者与企业的生存和发展密切相关（Freeman，1984）。利益相关者包括企业的投资者（股东、债权人）、员工、供应商等交易伙伴，也包括政府部门、本地居民、本地社区等的压力集团，甚至包括自然环境等受到企业经营活动直接或间接影响的客体，任何一个企业的发展都离不开各利益相关者的投入或参与（Freeman，2010），他们有的分担了企业的经营风险，有的为企业的经营活动付出了代价，有的对企业进行监督和制约，企业的经营决策必须要考虑他们的利益或接受他们的约束。企业对各利益相关者社会责任的履行情况，将影响利益相关者们对企业的态度与投入，良好的企业社会责任投资能够更好地满足利益相关者的需求和期望，促使利益相关者更加积极地寻求与企业的合作，并以更加优惠的条件向企业投入更多的资源，提升企业财务绩效，进而影响企业的市场价值。家族企业的利益相关者除了股东、管理者、员工、顾客、供应商、社区、政府等以外，还包括家庭、家族以及泛家族成员等这些"家族利益相关者"（陈凌等，2008），家族文化与价值观、家族愿景等也是家族企业社会责任导向和行为的重要决定因素（周立新，2011；陈建林等，2017）。因此，家族涉入会使企业更加注重伦理行为（O'Boyle et al.，2010），积极承担企业社会责任的履行更可能使企业增加竞争优势，从而提高企业的财务绩效。因此，家族企业积极承担社会责任会从多方面对企业价值产生有利影响。由此提出第一个研究假设。

假设 1：家族企业社会责任总投资与企业价值正相关。

当前关于企业社会责任的研究大多将企业社会责任笼统地看作一个整块，可能这也是导致企业社会责任与企业价值研究结果不一致的原因。一些学者强调不是所有的企业社会责任形态都对企业绩效有益，因为不同形态的责任有着自身与其他责任不同的逻辑（Barnett，2007；Barnett and Salomon，2006）。因此，区分不同形态的社会责任影响机制是十分必要的（陈宗仕等，2019）。下面将分别阐述企业社会责任的六个不同维度对家族企业价值的影响。

二、企业社会责任投资各维度对家族企业价值的影响

（一）投资者维度对家族企业价值提升的影响

股东和债权人是企业最主要的投资者，股东作为企业利益相关者中最为重要的一员，企业对股东的责任是第一位的，实现股东利益最大化是企业经营的首要目标（Sheikh，1996）。债权人是指那些为企业提供需要偿还的融资机构及个人，但不包括以出售货物或劳务的形式为企业提供短期融资的机构及个人。债权人作为企业的外部融资的重要来源，其对企业的影响能力毋庸置疑。从企业管理和利益相关者角度来看，不管投资者是否参与到企业的管理和经营中，企业都要对其履行相应的社会责任。

家族企业对股东的社会责任，就是要通过经营努力提高家族企业的利润，尽可能做到利润最大化，股东则按照其持股比例获得相应的股利，从根本上为给股东创造稳定高额的收益。股东投资回报得以实现，将使现有投资者的信心得到加强，进而引发进一步投资。另外，高额回报还是吸引潜在投资者的一大利器，新的投资也将涌入企业（方小枝，2014）。这些必将对企业的市场价值产生正面的影响。为此，家族企业应进一步通过所有权和经营权的分离等方式完善公司治理结构和内部制度，建立有效的权力约束机制和监督制衡机制，明确股东大会、董事会、监事会等各个机构的职责分工及其行使职责的规范性，从各方面切实保护股东的权益，尤其要保护中小企业股

东的权益。另外，家族企业应严格遵守有关法律法规，对股东的资金安全和收益负责，力争给股东以丰厚的投资回报，以便更好地稳定现有资金，吸引更多的投资。

家族企业的另一个主要投资者是债权人，他们是家族企业外部融资的主要来源，债权人通过借款给家族企业，获取借款利息收益，但债权人也必然要承担一定的风险，当家族企业经营失败而导致资不抵债或者企业现金流动性差等情况致使企业不能如期偿还债务，他们必须承担企业的违约风险，等等。家族企业对债权人的社会责任，主要体现为按时支付债权人的本息。一个信守债务承诺的家族企业，不仅是可以巩固债权人的信心，为家族企业提供一个稳定的经营环境。偿债能力的稳定，还可以提高投资者对家族企业盈利能力的预期，吸引更多的投资者，从而提高家族企业的市场价值。为此，家族企业也必须通过不断提高经营水平，增强家族企业的盈利能力，在经营中努力保证借贷资金的安全性，及时对债权人履行还本付息的责任。当企业经营不善，面临破产危机时，家族企业应按照《中华人民共和国破产法》等法律规定，依法承担债权人的债务，以最大限度地保护债权人的基本权益。由此提出以下假设。

假设 1a：家族企业对投资者维度的投资与企业价值正相关。

(二) 员工维度对家族企业价值提升的影响

员工是企业的重要资源，也是企业内部主要的利益相关者。家族企业的发展依靠创新，而以员工为主体的人力资本是企业创新的源泉。为此，家族企业要想增加企业价值、增强企业竞争优势、实现可持续发展，必须重视员工的基本权益。一般而言，员工的权益主要包括对员工支付合理的劳动报酬及其相关福利、对员工的生理保护、对员工岗位技能以及素质等方面的提升等。除此之外，家族企业还应为员工提供舒适的工作环境、完善的激励机制等，以此增加员工的满意度和工作积极性，使之与企业管理者之间建立稳定和谐的关系，促进企业实现更高的经济目标。

随着互联网经济和数字经济的到来，家族企业的生存和发展更是依赖于员工的创新能力与投入。因此，家族企业对员工的社会责任成为企业社会责任中一项非常重要的内容。唐·荷尔瑞格等（2001）认为，员工的工作行为并不完全由其自身能力所决定，更受到工作的满意度及对工作的态度的影响。员工对工作的满意度主要受三个方面因素的影响：一是在企业利益相关者中所处的地位；二是享受的待遇；三是自我价值的实现所带来的满足感。当员工对自己的工作满意度较高时，就会以主人翁的工作态度积极发挥自己的聪明才智，努力为实现企业价值最大化而努力工作。当员工利益受到侵害时，会削弱员工的工作积极性、使命感和责任感，长此以往，优秀的员工便会频繁的在企业之间流动，这不仅会影响企业的生产效率，同时也会直接或间接地降低企业价值。另外，组织理论认为，组织的有效性就是全体员工对组织目标的共同认同，并在认同的基础上产生为组织做贡献的意愿，而且企业的生存和发展越来越依靠员工的创造力，所以人力资源对于企业的长期稳定发展至关重要（Bridges et al.，2003）。家族企业通过改善员工工作条件，扩大雇员权利，增加工资待遇及社会福利来激励员工努力工作，进而提高企业价值。由此提出以下假设。

假设1b：家族企业对员工维度的投资与企业价值正相关。

（三）供应商和客户维度对家族企业价值提升的影响

企业与其供应商是上下游的关系，供应商提供的原材料对企业最终产品的质量有着直接关系。企业应努力处理好与供应商的关系，互惠互利，重视契约，建立和谐亲密并长久的合作关系，这样才能获取成本领先优势，为企业利润最大化目标贡献一分力量。研究表明，企业对供应商的责任与企业绩效正相关（温素彬等，2008），企业的可持续发展离不开供应商的支持。因此，家族企业应当认真履行对供应商的社会责任，重视双方签订的协议，按时支付合同货款，可以获得供应商的充分信赖，提升企业的声誉和社会形象（汪冬梅，2011）。同时，企业可以根据经济发展的变化和家族企业的实际需求，不断调整家族企业与供应商的关系，一方面可以降低企业成本，规避企业风险；另一方面满足消费者需求，以保证家族企业的正常生产经营，进一步有效地提升家族企业的市场价值。

企业与客户是一对矛盾统一体，客户（消费者）是企业外部最重要的利益相关者。企业对客户的责任主要包括：保证商品和服务货真价实，以实现消费安全；提供完善正确的商品和服务信息以保证客户的知情权；提供优质的售后服务以满足客户的使用需求，等等。客户维度的责任对企业价值的提升至关重要，企业利润的最大化最终要借助于客户对本企业的选择并购买商品或服务来实现，客户的选择和信任是企业生产和发展的重要源泉。研究表明，企业通过向客户提供高质量的商品和服务，可以提升客户对企业的信任度、满意度及购买意愿（Du et al.，2007；Mohr et al.，2005），并且给客户传达了积极的信号，进而可以提升企业的财务绩效（丁栋虹等，2013）。为此，家族企业应通过努力提供物美价廉、安全舒适耐用的商品和服务，满足客户的物质需求和精神需求，对提供的产品质量和服务质量承担责任，履行对客户在产品质量和服务质量方面的承诺，不得欺诈消费者，在产品质量和服务质量方面自觉接受政府和公众的监督，以此提高家族企业的营业利润，不断提升家族企业的价值。由此提出以下假设。

假设 1c：家族企业对供应商和客户维度的投资与企业价值正相关。

（四）政府维度对家族企业价值提升的影响

企业是社会财富的创造者，政府是社会财富的管理者，两者之间存在着密切的联系。政府作为社会经济活动中的一个服务者、指挥者、裁判员，作为企业的重要外部利益相关者，对企业的影响不容忽视。政府作为公共服务的提供者，在政府和企业的关系上，政府处于主导地位，主要体现在政策的制定和资源的分配两个方面。所以企业应当遵守国家法律法规，合法经营，及时缴纳税款，帮助企业缓解就业压力，等等。其中，缴纳税款是企业对政府履行的重要社会责任，政府通过税收形式获得财政收入，才可以为社会提供医疗、公共设施等更多更好的公共服务。同时，企业合法纳税，还可以避免处罚，从而降低企业的经营成本（Scott，1995），维护企业的声誉和社会形象，有利于企业获得更多资源，赢得更加宽松的发展环境，从而进一步地提升企业价值。

因此，家族企业应与政府保持和谐稳定的关系，积极响应各级政府的社会经济政策，依法纳税，积极投资有利于促进地方经济发展的项目，努力获得政府各类补贴和税收优惠。在符合政府经济社会规划的同时，进一步提高家族企业的财务绩效，增加家族企业的企业价值（方小枝，2014）。由此提出以下假设。

假设1d：家族企业对政府维度的投资与企业价值正相关。

（五）社区和公众维度对企业价值提升的影响

企业生产经营所影响的空间和地域称为"社区"，企业是社会的重要组成部分，更是所在社区的一员。与社区保持良好、和谐的关系对促进企业的可持续发展具有重要意义，也是企业应履行的一项重要社会责任。随着我国社会公益事业的发展，企业可以通过开展各种公益活动回馈社会，例如为社区提供就业机会，组织慈善捐助活动，等等。这些活动不仅能够促进我国公益事业的发展，还可以为企业树立良好的社会形象，而且还可以增加公众对企业的好感，进而促进企业的商品销售，增加商品销售额，提升企业的社会价值（见图6.1）。

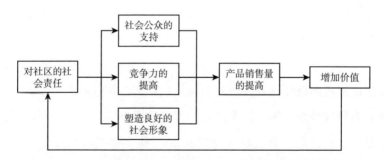

图6.1 企业社区社会责任履行对企业价值增加的作用机理

资料来源：方小枝. 企业社会责任与企业增加价值相关性研究［D］. 合肥：合肥工业大学，2014.

企业对社区和公众的社会责任，主要体现为企业对社会公益事业和环境保护的投入，这种投入具有信号传递的效应，向投资者表明企业不仅关注自身经济利益，也同时兼顾社会利益，具有长远的可持续性发展眼光，目前越来越多的家族企业认识到企业进行慈善捐赠等方面的投资会提高企业声誉，企业价值也会随之有所提升，能给企业带来长期回报。由此提出以下假设。

假设 1e：家族企业对社区和公众维度的投资与企业价值正相关。

（六）环境维度对企业价值提升的影响

企业和环境之间是相互依赖的。企业在生产经营中要消耗能源、水、矿产等公共资源，并可能产生环境污染。因此，企业在保护环境、消除污染等方面负有不可推卸的责任，尤其在我国经济由高速增长进入高质量发展阶段后，政府通过各种措施来推动企业重视环境治理、追求高质量发展。企业更应承担起对环境的社会责任，这样才能实现企业的长远发展。

党的十九大报告提出要"构建政府为主导、企业为主体、社会组织和公众共同参与的环境治理体系"，包括家族企业在内的民营企业既是国民经济的重要组成部分，也是环境污染的重要源头，理应成为环境治理、实现我国的"绿水青山就是金山银山"的目标作出相应的贡献。笔者认为，作为完全市场化的利益主体，当民营（家族）企业不再采取减产或转产措施来逃避政府的环保惩罚，而是通过加大环保投资（包括直接的购建环保设备、增配环保人员支出和间接的加大技术研发、促进生产技术提升和产品升级支出）实现本企业可持续发展时，就可以认为《环保法》所追求的目标在民营（家族）企业中得到了实现。即民营（家族）企业环保投资促进机制与企业高质量发展促进机制以及《环保法》目标实现机制，在排除了因监管不力或信息不对称而导致的企业作弊行为之后，应当是耦合的。因此，通过理论分析和实证研究，设计出一套机制（见图 6.2），使企业把增加环保投资、追求高质量发展和社会福利最大化作为占优策略，也是一个值得研究的重要课题。

当前我国生态文明建设正处于压力叠加、负重前行的关键期。企业作为生态环境的主要污染者，资源的主要消耗者，其环境责任承担行为更会引起社会各界的广泛关注。

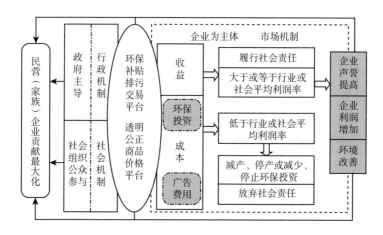

图6.2　民营（家族）企业环保投资促进机制的构成与运转

资料来源：笔者自制。

从长期来看，企业环保投资有利于实现产品市场差异化、塑造企业良好的社会形象，吸引长期机构投资者投资等，从而产生较高的市场回报。但与其他投资不同，环境治理投资周期长、见效慢，长期占用大量资金，加大企业成本与资金流出，降低净现值；而对资金的大量占用，也限制了企业在将来执行增长期权和转换期权，不利于提升企业价值。此外，信息不对称及所有权和经营权两权分离问题，让企业环境责任投资逐渐成为高管掩藏自利行为、转移公众注意力以及提高声誉、实现自我包装的工具，是代理成本的一种体现，导致其对环境治理投资的净现值及增长期权、转换期权、清算期权的价值产生负向影响。由此提出以下假设。

假设1f：家族企业对环境维度的投资与企业价值负相关。

第三节　家族企业社会责任投资结构提升
企业价值的理论模型

基于以上关于家族企业社会责任投资维度的特点及其对企业价值的作用机理，接下来本书将通过理论分析进一步探究家族企业的企业社会责任投资结构及采取的投资策略，在此基础上提出相关研究假设。

家族企业社会责任投资结构，是指家族企业在一定发展阶段中对各利益相关者维度或其组合的投资在家族企业社会责任投资总额中所占的比重。要使企业真正地实现可持续发展，提升企业价值，企业应努力处理好企业利益相关者之间的关系，科学合理地优化企业社会责任投资结构，形成企业社会责任投资最优结构和科学可行的投资决策。

一、家族企业社会责任投资结构对企业价值提升的影响

企业进行社会责任投资是一个复杂的系统性问题，不能简单地认为企业对某方面的社会责任投资过少或对某一种社会责任投入较多就一定降低了或者促进了企业价值。因此，真正有利于企业价值提升的不是某一个单项的企业社会责任投资，而是企业选择的社会责任投资结构。

家族企业是企业正式契约和家族非正式契约双重作用的复合体，与非家族企业相比，企业社会责任投资对家族企业价值、声誉及其可持续发展影响更大。家族所有者作为自然人，受其价值观等方面的影响，会促使企业进行不同维度的社会责任投资，进而实现企业的目标，提升企业价值。研究结果表明，家族涉入是影响家族企业社会责任行为的重要变量，家族企业社会责任行为会系统地受到家族性因素的影响（周立新等，2012）。家族企业中家族企业主或家族成员在家族企业中控制权和所有权中所占比例均较大，而且家族企业实际控制人和家族成员大多在企业任职，担任董事长、总经理或其他企业高级管理人员，甚而实际控制人兼任董事长和总经理，即两职合一，这样的公司治理结构表明家族涉入程度很深。家族企业主或实际控制人的意愿可能对企业社会责任投资及其投资结构会产生很大影响。

从投资意愿上看，对于他们自愿投资的社会责任维度，家族管理者为认真权衡投资成本与收益及其承担的风险，确定拟投资的社会责任维度或者投资组合，以期获得提升企业价值。哈博等（Harbaugh et al.，2007）研究了慈善捐赠的"纯利他"（pure altruism）动机和"温暖的辉光"（warm-glow）

两个动机，他们考察了自愿捐赠和必须捐赠两种不同情境下的奖赏脑区，研究结果发现，在自愿条件下，脑区激活的程度高于强制条件下的捐赠。这也可以推论出，自愿进行社会责任投资，会促进社会责任投资效益的生成，增加企业绩效。而强制条件下进行的企业社会责任投资，会使家族企业管理者采用消极应对的行为，也不可能使其企业价值得到提升。陈晓峰（2011）基于经济、法律和自愿三个边界，从高强制性到高自愿性维度将民营家族企业对员工、消费者、供应商、环境、社会公益的责任划分为三大类，即基本社会责任、中级社会责任和高级社会责任三个层面的企业社会责任。如图6.3所示。其中，法律责任是高强制性企业社会责任，例如民营家族依照税法规定的纳税义务，依据《环境保护法》进行环境保护的责任，依据《消费者权益保护法》保护消费者权益的责任，等等。伦理道义层面的社会责任则是高自愿性的企业社会责任，例如对灾区的捐助、慈善捐款等，这个层面的企业社会责任，可以自主裁量、自主衡量。

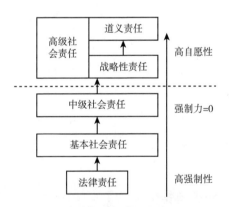

图6.3　企业社会责任边界的结构模型

资料来源：陈晓峰. 生命周期视角：民营企业社会责任履行促进机制探讨［J］. 现代财经，2011（3）：48.

另外，对于中国家族企业而言，目前大多数家族企业还是以获取利润最大化和企业的可持续发展为目标，其首要的责任是经济责任，即获取企业的经济价值、实现利润最大化的目标，而将具有长期效应的社会价值放在次要地位。依据权衡假说，企业资源是有限的，企业社会责任投资必然挤占其他传统项目的投资。因此，作为以盈利为首要目标的家族企业而言，先要考虑的是企业社会责任投资是否会给家族企业带来直接的经济回报，是否会增加家族企业的价值。现有文献研究表明，企业对不同利益相关者的社会责任投资对企业价值的影响程度是不同的（龙文滨等，2014）。家族企业管理者只能在不同利益相关者之间进行权衡，考虑一定量的社会责任资金如何在不同维度 CSR 投资或投资组合中进行分配，制定合理的对其发展有利的企业社会责任投资策略。为此，家族企业进行社会责任投资，先要考虑的应是"自愿履行且有回报"的企业社会责任投资结构，而排在最后的应该是"必须履行且无回报"的企业社会责任投资，企业采取的是消极应对态度，因而不愿意履行此类社会责任，甚至会铤而走险而偷税漏税，最终影响企业的社会声誉，甚至减低企业价值。应该最为提倡和鼓励的是"自愿履行但无回报"的社会责任投资类型，体现了家族企业真正的利他主义观念。

基于以上阐述，本书按照家族企业社会责任的投资意愿，以及是否有直接的经济投资回报，分为自愿履行且有回报的 CSR 投资、自愿履行但无回报的 CSR 投资和必须履行且无回报的 CSR 投资三类，其中，自愿履行且有回报的 CSR 投资包括家族企业在投资者、员工、客户和供应商三个维度上的投资，自愿履行但无回报的 CSR 投资包括家族企业在社区和公众、环境两个维度上的投资，必须履行且无回报的 CSR 投资则仅指企业在政府维度的投资。这里作为必须履行且无回报 CSR 的企业对政府维度的投资主要是指企业必须履行法律责任的纳税义务。本书将三类 CSR 投资占家族企业总社会责任投资的比重，形成三个 CSR 投资结构。

家族企业社会责任投资结构与企业价值的关系如图 6.4 所示。

根据企业社会责任投资的意愿和投资是否有回报，本书将企业社会责任投资维度分为三类：第一类是自愿且有回报的社会责任投资，包括企业对投资者维度的投资、对员工维度的投资以及对客户和供应商的投资；第二类是自愿但无回报的社会责任投资，包括企业对社区和公众维度的投资以及对环境维度的投资；第三类是非自愿且无回报的社会责任投资，是指政府维度的投资。

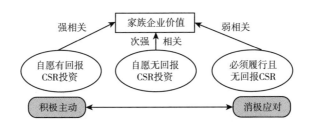

图 6.4　家族企业社会责任投资结构与企业价值的关系

资料来源：笔者自制。

基于前面的研究假设，企业对投资者、员工、客户和供应商的社会责任投资均与企业价值存在正相关关系，因此，企业自愿有回报的社会责任投资占比越高，带来的企业价值提升也越大。由此提出以下假设。

假设 2a：企业自愿有回报的社会责任投资与企业价值正相关。

企业自愿但无回报的社会责任投资是指企业对社区和公众、环境的社会责任投资，长期上来看，这种投资无疑会给企业价值带来提升。因此，企业自愿无回报的社会责任投资占比较高，会提升企业价值。由此提出以下假设。

假设 2b：企业自愿无回报的社会责任投资与企业价值正相关。

企业非自愿且无回报的社会责任投资是指企业为了配合政府制定的相关政策所进行的一些非必要投资，家族企业受政策约束力度可能更大。这些投资加大企业成本与资金流出，降低净现值，限制了企业在将来执行增长期权和转换期权，不利于提升企业价值。由此提出以下假设。

假设 2c：企业非自愿无回报的社会责任投资与企业价值负相关。

二、家族控制对企业社会责任投资与企业价值关系的影响

与非家族企业相比，家族企业是家族和企业的一个联结体。根据社会情感财富理论，家族企业不仅要追求企业的财务目标，还要追求有利于家族长远发展的非财务目标，这种非财务目标的主要表现就是家族企业的社会情感

财富。因此，对于家族企业而言，保护和增加家族企业的社会情感财富（SEW）是其战略决策的首要关注点（Gómez-Mejía et al.，2007），而进行多维度的企业社会责任投资则是家族企业增加社会情感财富的重要方式。

首先，履行社会责任能够增强家族成员对家族企业的归属和依恋。家族企业履行社会责任满足外部利益相关者需求后，家族成员对企业会有积极评价，使企业在家族中获得良好声誉，增强家族成员对家族企业的认同感、归属感和依恋感，使家族成员和家族企业之间的关系更加紧密。

其次，履行社会责任能够使家族企业建立良好的社会关系，进而增加家族企业的社会资本。陈凌等（2014）认为，家族企业的社会责任行为可以促进社会资本的积累，也就是说，家族企业可以通过履行内外部社会责任来拓展社会关系，以积累内外部社会资本，进而提升家族企业竞争力。

最后，承担社会责任能够提高家族企业的社会声誉，因而家族控制程度越强，进行社会责任投资的动机就越强。因为家族企业中家族与企业是连为一体的，提高企业声誉就是提高家族声誉，可以增加家族社会情感财富，进而提升企业价值。而且，企业社会责任投资还具有"类保险"的作用（吉利等，2018），当家族企业出现财务危机时，企业声誉可以发挥防御功能，可以帮助企业降低因经营不善而导致的企业价值损失。

因此，家族控制程度越强，其家族财产与企业财产的关系越紧密，为了增加家族社会情感财富，家族企业会更加积极地承担社会责任。

目前，在很大比例上，我国家族企业还未进行"两权分离"的变革，家族成员同时作为企业的股权所有者即实际控制人与经营管理者（陈凌等，2011）。家族涉入企业治理与管理，追求除去企业价值最大化的经济目标外的非经济目标，即社会情感财富的最大化。家族企业股权高度集中，家族企业创始人一般都会将股权集中在自己或其他家族成员手中，保持家族对于企业的控制。当股权集中达到一定程度时，中小股东的投机行为明显，大股东与中小股东利益趋于一致，降低了代理成本。在家族企业中，家族成员作为大股东，持股比例的增加会增强与中小股东之间的协同效应，大股东的长期视野观更容易对企业战略产生影响，维护和增强社会情感财富的动机也随之增加。

在家族企业中任职的家族成员越多，家族成员的家族荣誉感和对企业的认同感越高（Schulzea et al.，2003）。家族的管理权程度涉入越高，家族通过企业控制经营获取和保护社会情感财富的意愿也就更强烈，那么家族成员通过改善内部治理结构，提升内部控制质量的动机也就越强。由此提出以下假设。

假设3a：家族控制权增加对家族企业社会责任投资与企业价值正相关关系具有正向调节作用。

家族成员往往通过担任公司董事长直接对公司保持控制。一方面，家族成员任职董事长能减少第一类代理问题，使"逆向选择"和"道德风险"的矛盾得到缓解；另一方面，家族成员的领导风格和战略决策在很大程度上决定了企业的内部控制环境，即内部控制的基础。关于企业家特质，我国家族企业经过多年的发展，企业家的文化程度有所提高，绝大多数家族企业的企业家具有4年以上的行业工作年限，行业工作经验丰富（周立新，2012）。同时，家族成员对企业有着强烈认同感和荣誉感并重视家族声誉，家族成员更倾向于通过更好的企业表现来提升公司的声誉和形象（Berrone et al.，2012）。另外，家族成员常常把家族企业看作一项家族所有的长期投资，且将会传承给子孙后代，这种传承意愿给企业战略决策带来了一种长期视野观，企业没有短期业绩的压力，倾向于长期导向。因此，家族成员往往为了获得更多的社会情感财富，积极维护家族声誉并追求企业长期发展，追求企业的规范化运行和积极的企业表现，从而有动力积极完善企业内部治理结构。由此提出以下假设。

假设3b：家族成员任职董事长或总经理对家族企业社会责任投资与企业价值正相关关系具有正向调节作用。

三、家族企业社会责任投资策略模型构建

基于利益相关者理论和家族企业理论，本章明确了家族企业社会责任投

资的维度及其特征，结合家族企业特点，以家族企业的社会投资意愿和是否有直接的经济回报分为三个投资结构，即自愿有回报 CSR 投资、自愿无回报 CSR 投资、非自愿无回报 CSR 投资三种，分析了家族企业社会责任投资各维度以及三种投资结构对价值提升的作用机理，同时，考虑到家族企业特殊的治理结构，进一步分析了家族控制权比例和家族企业主或实际控制人承担家族企业董事长或总经理这两种家族控制变量对企业社会责任投资与企业价值之间关系的调节作用。根据以上分析，本书构建家族企业社会责任投资结构与企业价值关系理论模型，如图 6.5 所示。

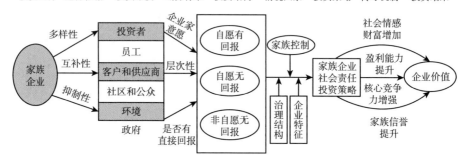

图 6.5　家族企业社会责任投资策略理论模型

资料来源：笔者自制。

第七章

中国家族企业社会责任投资与
企业价值：实证检验

基于第六章的理论分析，本章将分别采用回归分析法、机器学习法对家族企业社会责任投资策略模型进行实证检验。

第一节　家族企业社会责任投资与
企业价值相关性检验

第六章对家族企业社会责任投资与企业价值关系的作用机理进行了理论分析，并提出了相应的研究假设，接下来本节将通过多元回归方法对两者的关系进行实证检验。

一、研究设计

（一）变量定义与测量

1. 被解释变量。本书的被解释变量为企业价值。现有研究主要使用基于会计基础和基于市场基础两种表征方式来测度企业价值。基于会计基础的度量指标以净资产收益率（return on equity，ROE）为代表，净资产收益率又称股东权益报酬率、权益报酬率、权益利润率和净资产利润率，是净利润与所有者权益的比率，该指标反映股东权益的收益水平，用以衡量公司运用自有资本的效率。指标值越高，说明投资带来的收益越高，用该指标可以反映企业当前价值创造能力。基于市场基础的指标则以托宾 Q（Tobin's Q）为代表，托宾 Q 值是 1969 年由诺贝尔经济学奖得主詹姆斯·托宾（James Tobin）提出的，它是企业市场价值对其资产重置成本的比率，是一个企业两种不同价值估计的比值，反映了投资者对企业未来盈利能力的预期。

有学者认为，当前中国资本市场发育还不完善，股票价格不能反映企业真实经营状况，因而企业家族不宜采用基于市场价值的托宾 Q 值来度量。为此，本书参照贾兴平、唐鹏程等的研究成果，采用净资产收益率（Roe）来测量企业价值。由于企业社会责任投资存在滞后效应，因而选取净资产收益率的超前一期度量（Garcia-Castro et al.，2016；唐鹏程等，2016）。

2. 解释变量。（1）企业社会责任投资。本书采用和讯网"企业社会责任评分"来测量企业社会责任投资及其各个维度。现有文献通常采用四种方式对企业社会责任投资进行度量：

① 选择企业社会责任投资的某一维度作为代理变量。例如，现有许多文献以企业公益捐赠投资作为企业社会责任投资的代理变量。企业社会责任理论与实践已经证实，企业社会责任投资包含多方面的投资，按照卡罗尔（Carroll）的金字塔框架，企业社会责任不仅包括经济责任，还应该包括法律责任、伦理责任与慈善责任。而按照社会责任投资的对象或维度，应包括对股东、债权人、客户、环境、社区等各个方面。因此，这种测量企业社会责任投资的方式无法体现企业社会责任投资维度的多样性，因而受到多方质疑。

② 社会责任会计法。即对企业社会责任投资采用相关财务指标进行度量。将从事企业社会责任投资的项目纳入会计系统，并将这些项目分为社会资产、社会负债、社会成本和社会收益四个项目，然后进行计量和披露。在我国，陈玉清等（2005）先从社会收益角度将企业社会责任信息分为政府贡

献率、职工所得贡献率、投资者贡献率和社会所得贡献率四个部分，四者汇总即为企业社会责任总额。随后，许多学者（刘长翠等，2006；叶陈刚等，2013；刘淑华等，2013；方小枝等，2014）陆续采用了此方法对企业社会责任进行了测量和研究。但是，"社会资产、社会负债、社会成本和社会收益"等指标一直没有统一的指标去衡量，所以这种方法也因而存在一定的弊端。

③ 内容分析法。此方法是企业社会责任信息披露中常用的方法之一，首先通过对企业的报告或者文件进行内容分析；其次根据这些信息确定每一个企业社会责任投资项目的分值；最后综合得出企业社会责任的评分。例如，汤普森等（Thompson et al.，2004）通过分析马来西亚上市公司的社会责任公告，分别从环境保护、能源利用、对消费者的责任、对社区的责任、对员工的责任和其他责任六个方面对企业社会责任进行测量。虽然内容分析法避免了社会责任的弊病，但一方面对企业社会责任信息披露的确定上过于主观；另一方面中国企业社会责任报告的真实性还有待检验，这些也是内容分析法存在的缺陷所在。

④ 声誉指数法。声誉指数法是指学者专家根据有关社会责任信息进行主观评价，然后对公司声誉进行排序的一种方法。由于采用的标准系统，可以保证内部评价的一致性。但是，由于此方法受企业规模、企业寿命、受访者教育背景等经历等因素的影响，其可信度还有待提高。

⑤ KLD 指数法。针对企业与各利益相关者之间的关系，KLD 公司（Kinder，Lydenberg，Domini Company）设计出了 KLD 指数，它对企业社会责任投资进行多维度评价，具体包括环境保护、社区关系、产品安全、员工关系、妇女与少数民族问题以及南非投资等。其中，KLD-ESG 评级分为环境、社会、治理三个层面，各个层面还包括许多二级指标。具体而言，环境层面评级包括气候变化、产品与服务、经营与管理、其他；社会层面评级包括社区、多样性、劳工关系、人权、产品；治理层面评级包括报告、结构性、其他。KLD 指数及数据库的建立为学生研究企业社会责任投资与财务绩效之间的关系提供了数据支持。该指数是建立在利益相关者理论基础上的，

并且是由专业分析师在大量调研后形成的，因而具有较强的客观性，正因如此，该方法一直受到国外专家学者的青睐。KLD 社会责任评级包括多个分支项目：环境、社区、多元化、员工关系、人权、产品质量与安全以及公司治理。

⑥ 采用第三方中立评估机构数据。这种方法主要是指借用某些机构发布的企业社会责任排名对企业社会责任投资进行研究。目前，中国学者专家主要采用润灵环球责任评级与和讯网上市企业社会责任评分，由于仅有和讯网上市企业社会责任评分对企业社会责任投资各维度进行了打分，因而在实证中被较多采用。另外，由于数据能够公开获取，也使研究结果具有可重复性和可验证性。

本书采用和讯网中五项社会责任投资维度的评分，同时，将第五项"对社区的投资"分解为"对政府的投资"和"对社区和公众的投资"，其中，对政府的投资用二级指标"所得税占比"测量，对社区和公众的投资用二级指标"公益捐赠"测量。因此，本书中企业社会责任投资的维度共有六项，即"投资者维度"（采用和讯网中的"对股东的投资"，其他维度的测量与此类似）、"员工维度""客户和供应商维度""政府维度""社区和公众维度""环境维度"。其中，在投资者维度的投资用 Inv 表示，在员工维度的投资用 Emp 表示，在客户和供应商维度的投资用 Cus 表示，在政府维度的投资用 Gov 表示，在社区和公众维度的投资用 Com 表示，在环境维度的投资用 Env 表示。

（2）企业社会责任投资结构。本书按照家族企业社会责任投资是否自愿和是否有直接的经济投资回报，分为自愿有回报 CSR 投资、自愿无回报 CSR 投资和非自愿无回报 CSR 投资三类，其中，自愿有回报 CSR 投资包括在投资者、员工、客户和供应商三个维度的投资，自愿无回报 CSR 投资包括社区和公众、环境两个维度的投资，非自愿无回报 CSR 投资则仅指企业在政府维度的投资。三类 CSR 投资占家族企业总社会责任投资的比重，形成本书的三个 CSR 投资结构，即自愿有回报 CSR 投资占比、自愿无回报 CSR 投资占比和非自愿无回报 CSR 投资占比，分别用 VrR、VnrR 和 MnrR 来表示。

（3）家族实际控制。借鉴拉·波尔塔（La Porta）等研究成果，本书选择"实际控制人拥有企业控制权比例"作为家族实际控制的一个测度指标

（陈建林，2017）。另外，基于家族企业的治理模式，家族企业主或实际控制人对家族企业的管理和决策起到重要影响。奥斯卡·科瓦莱夫斯基等（Oskar Kowalewski et al.，2010）研究了新兴市场经济中家族所有权和管理权对企业绩效的影响，结果发现，拥有家族首席执行官（CEO）的公司可能比拥有非家族 CEO 的公司表现更好。为此，本书也将"实际控制人是否担任董事长或总经理"作为家族实际控制的测量指标，采用虚拟变量：如果担任，取值为 1，否则取值为 0。两个测量指标中，"实际控制人拥有企业控制权比例"用 FcR 表示，"实际控制人是否担任董事长或总经理"用 F-CEO 表示。

3. 控制变量。家族企业价值除了受企业社会责任投资及其结构和家族实际控制的影响外，通过梳理现有文献，企业价值往往还会受到其他因素的影响。为了更好地检验家族企业社会责任投资与企业价值的关系，还需控制这些因素的影响，以使本书的理论模型更加科学合理。因此，本书选择以下四个变量作为控制变量。

（1）独立董事比例。本变量由家族企业独立董事人数除以企业董事总人数计算得来。独立董事制度起源于美国，目前已成为公司治理中的一项基本制度，它对于完善上市公司治理结构、提升和监督其运作质量、保护利益相关者权益等方面发挥了十分重要的作用。相关研究显示，家族上市公司建立独立董事制度对公司价值具有很大影响（魏刚等，2007；赵昌文等，2008）。因此，本书将独立董事比例作为控制变量，用 ItR 表示。

（2）债务融资比率。本变量由长期负债除以企业总资产计算得来。研究发现，民营上市公司的债务融资与企业绩效之间负相关，债务融资比率越高，企业绩效越低（苏启林等，2004）。但是，也有文献发现两者之间存在正向效应（李正，2006）。企业资本结构对企业价值是有影响的（Mitchell et al.，1997；沈洪涛等，2007；王玲玲和王宗军，2013）。基于此，本书将其作为控制变量，用 Lev 表示。

（3）企业规模。本变量以企业总资产的自然对数（ln 总资产）来测量。企业社会责任投资也会受到企业规模大小的影响。一般而言，规模较大的企业进行社会责任投资更容易得到市场和消费者的关注。研究发现，与规模小的公司相比，规模大的公司的社会责任名声指数更高（Fombrun et al.，1990）。若企业社会责任缺失或投资不当，它们也更容易受到惩罚（张海心，2020）。因此，本书选择企业规模作为控制变量之一，以 Size 表示。

（4）上市年限。本变量以公司上市日期到考察年限之间的时间数计算，若上市日期与考察当年在同一年度，记为 1 年，以此上下计算上市年限。一般而言，与上市时间较短的公司相比，中国市场投资者对上市时间长的公司的关注程度更高。因此，选择企业上市年限作为控制变量，以 Year 表示。

主要变量定义和测量方式如表 7.1 所示。

表 7.1   主要变量定义和测量方式

变量类型	变量名称	评价指标	变量代码	变量定义
被解释变量	企业价值	净资产收益率	Roe	净利润/所有者权益（考虑到企业社会责任投资滞后效应，本书采用净资产收益率的超前一期度量）
解释变量	企业社会责任单项投资	企业社会责任总投资	Csr	和讯网企业社会责任报告专业评测体系（本书将和讯网中的第五项"对社区的投资"分解为"对政府的投资"和"对社区和公众的投资"，其中，对政府的投资用"所得税占比"测量，对社区和公众的投资用"公益捐赠"测量）
		对投资者投资	Investor CSR（Inv）	
		对员工投资	Employee CSR（Emp）	
		对客户和供应商投资	Customer vs. Supplier CSR（Cus）	
		对政府投资	Government CSR（Gov）	
		对社区和公众投资	Community CSR（Com）	
		对环境投资	Environment CSR（Env）	
	企业社会责任投资结构①	自愿且有回报投资占比	Voluntary return CSR（VrR）	（对投资者投资 + 对员工投资 + 对客户供应商投资）/CSR 总投资
		自愿但无回报投资占比	Voluntary no return CSR（VnrR）	（对社区公众投资 + 对环境投资）/CSR 总投资
		非自愿无回报投资占比	Mandatory no return CSR（MnrR）	对政府投资/CSR 总投资

① 本书按照企业社会责任投资的意愿和投资是否有回报，将企业社会责任投资维度分为三类：第一类是自愿且有回报的社会责任投资，包括企业对投资者维度的投资、对员工维度的投资以及对客户和供应商的投资；第二类是自愿但无回报的社会责任投资，包括企业对社区和公众维度的投资以及对环境维度的投资；第三类是非自愿且无回报的社会责任投资，是指政府维度的投资。

变量类型	变量名称	评价指标	变量代码	变量定义
解释变量	家族实际控制	实际控制人控制权比例	Family control（FcR）	实际控制人拥有上市公司控制权比例（%）
		实际控制人是否担任董事长或总经理	Family CEO（F-CEO）	若是，取值1；否则取值0
控制变量		独立董事比例	ItR	独立董事人数/董事总人数
		债务融资比率	Leverage（Lev）	长期负债/总资产
		公司规模	Size	公司总资产的自然对数，即 ln（总资产）
		上市年限	Year	公司上市年限

资料来源：笔者自制。

（二）模型设定

借鉴前人的研究方法，对于家族企业社会责任和企业价值的相关关系，根据研究假设和所收集数据的特征，本书构建面板数据模型如下：

$$Y_{i,t} = \beta_0 + \beta_i X_{i,t} + \varepsilon_{i,t} \quad (i = 1,2,3,\cdots,N; t = 1,2,3,\cdots,N) \quad (7-1)$$

其中，$Y_{i,t}$ 为被解释变量；$X_{i,t}$ 为解释变量；β_0 为模型的常数项；β_i 为对应于自变量向量 $X_{i,t}$ 的 $k \times 1$ 维系数向量；k 为自变量的个数；$\varepsilon_{i,t}$ 为相互独立的随机误差项，且满足均值为 0，等方差的假设；N 为截面成员的个数；T 为每个截面成员的时间总数。

为验证假设 1a ~ 假设 1f，考虑到企业总社会责任投资与企业社会责任单维度之间存在的内生性问题，本书建立检验模型 1：

$$\text{Roe}_{i,t} = \beta_0 + \beta_1 \text{Inv}_{i,t} + \beta_2 \text{Emp}_{i,t} + \beta_3 \text{Cus}_{i,t} + \beta_4 \text{Gov}_{i,t} + \beta_5 \text{Com}_{i,t} + \beta_6 \text{Env}_{i,t}$$
$$+ \beta_7 \text{ItR}_{i,t} + \beta_8 \text{Lev}_{i,t} + \beta_9 \text{Size}_{i,t} + \beta_{10} \text{Year}_{i,t} + \varepsilon_{i,t} \quad (7-2)$$

为验证假设 2a ~ 假设 2c，建立检验模型 2：

$$\text{Roe}_{i,t} = \beta_0 + \beta_1 \text{Csr}_{i,t} + \beta_2 \text{VrR}_{i,t} + \beta_3 \text{VnrR}_{i,t} + \beta_4 \text{MnrR}_{i,t} + \beta_5 \text{ItR}_{i,t}$$

$$+ \beta_6 \mathrm{Lev}_{i,t} + \beta_7 \mathrm{Size}_{i,t} + \beta_8 \mathrm{Year}_{i,t} + \varepsilon_{i,t} \qquad (7-3)$$

为验证假设 3a，建立检验模型 3：

$$\mathrm{Roe}_{i,t} = \beta_0 + \beta_1 \mathrm{Inv}_{i,t} \times \mathrm{FcR}_{i,t} + \beta_2 \mathrm{Emp}_{i,t} \times \mathrm{FcR}_{i,t} + \beta_3 \mathrm{Cus}_{i,t} \times \mathrm{FcR}_{i,t}$$
$$+ \beta_4 \mathrm{Gov}_{i,t} \times \mathrm{FcR}_{i,t} + \beta_5 \mathrm{Com}_{i,t} \times \mathrm{FcR}_{i,t} + \beta_6 \mathrm{Env}_{i,t} \times \mathrm{FcR}_{i,t}$$
$$+ \beta_7 \mathrm{ItR}_{i,t} + \beta_8 \mathrm{Lev}_{i,t} + \beta_9 \mathrm{Size}_{i,t} + \beta_{10} \mathrm{Year}_{i,t} + \varepsilon_{i,t} \qquad (7-4)$$

为验证假设 3b，建立检验模型 4：

$$\mathrm{Roe}_{i,t} = \beta_0 + \beta_1 \mathrm{Inv}_{i,t} \times \mathrm{FCEO}_{i,t} + \beta_2 \mathrm{Emp}_{i,t} \times \mathrm{FCEO}_{i,t} + \beta_3 \mathrm{Cus}_{i,t} \times \mathrm{FCEO}_{i,t}$$
$$+ \beta_4 \mathrm{Gov}_{i,t} \times \mathrm{FCEO}_{i,t} + \beta_5 \mathrm{Com}_{i,t} \times \mathrm{FCEO}_{i,t} + \beta_6 \mathrm{Env}_{i,t} \times \mathrm{FCEO}_{i,t}$$
$$+ \beta_7 \mathrm{ItR}_{i,t} + \beta_8 \mathrm{Lev}_{i,t} + \beta_9 \mathrm{Size}_{i,t} + \beta_{10} \mathrm{Year}_{i,t} + \varepsilon_{i,t} \qquad (7-5)$$

二、样本选择与数据来源

在样本的选取上，主要是使用上市公司 A 股，时间跨度为 2010 ~ 2015 年。在采集具体的样本数据时，本书遵循以下筛选原则。

（一）家族上市公司样本选择与数据来源

首先，从国泰安 CSMAR 数据库《中国民营上市公司数据库》选取 2010 ~ 2016 年中国 A 股家族上市公司作为研究的原始样本，并依照以下标准对样本进行筛选。

（1）从"民营化标志"字段中，选取民营化标志是"1 = 民营"的样本。

（2）从"实际控制人类型"字段中，选取实际控制人类型为"自然人或家族"的样本。同时，剔除了自然人数较多、但彼此之间不存在血亲或姻亲关系的样本[①]。

---

① 实际控制人为自然人的公司，若自然人数较多但彼此之间不存在血亲或姻亲关系，则不符合家族企业的内涵。

（3）为保证数据具有可比性，本书剔除金融类上市公司，因为金融类上市公司和一般上市公司在经营范围上存在较大差异。

（4）剔除 ST、*ST、S*ST、SST 公司样本和与本书相关数据不全的公司。

（5）剔除实际控制人拥有上市公司控制权比例不足 10% 的公司样本。

（6）剔除实际控制人拥有上市公司所有权比例不足 10% 的公司样本。

（二）家族上市公司社会责任投资数据来源

本书的家族企业社会责任投资各维度数据选取第三方中立机构——和讯网 2010～2015 年"上市公司社会责任评分"的数据。和讯网是一家专业的财经类网站，依托企业社会责任报告及企业财务报表等资料编制了企业社会责任指数，具体包括股东责任、员工责任、供应商和客户责任、环境责任和社区责任五个方面进行考察，各项又分别设立了二级和三级指标对沪深两市 A 股所有上市公司的社会责任进行全面评价。其中，涉及二级指标 13 个，三级指标 37 个，同时依据行业类型进行权重调整，内容全面且具有很高的权威性。在企业社会责任实证研究中，该数据越来越受到重视（唐鹏程等，2016）。因此，本书选取该指数作为企业社会责任投资及其各维度的测量指标。为满足本书研究需要，本书将"社区责任"分解为两个二级指标"所得税占比"和"公益捐赠"来分别测量对政府维度的投资和对社区和公众的投资。同时，剔除了企业社会责任评分小于 0 或数据缺失的公司。

剔除离群值。根据实际情况和经验，为高端值或低端值的在观测数据中都剔除了。最终，本书选择了符合以上条件的 656 家家族企业，共 3936 个样本观测值。本书研究样本中上市公司的财务数据来源于国泰安 CSMAR 数据库。相关数据的处理及检验均采用 Stata 15.1 统计软件进行。

三、实证结果分析

(一) 描述性统计

基于 2010~2015 年 656 家家族企业样本数据，对家族企业社会责任的各维度指标和企业价值进行了描述性统计，统计结果如表 7.2 所示。

表 7.2 　　　　　　　　　　家族企业各变量的描述性统计

变量	最大值	平均值	最小值	标准差
Roe	0.543	0.0662655	− 2.2557	0.1145242
Csr	82.51	23.9886	− 14.82	12.63028
Inv	27.84	14.3663	− 10.55	5.22876
Emp	20.2	2.743507	− 0.17	3.196251
Cus	20	2.049543	0	5.03425
Gov	30	4.466728	− 15	4.070901
Com	15	0.2787386	0	1.442619
Env	30	2.029446	0	5.275562

资料来源：笔者自制。

从表 7.2 可以看出，家族企业总体社会责任得分的均值为 23.9886，其中最大值为 82.51。从家族企业社会责任单维度的均值来看，家族企业对投资者的社会责任均值最高，然后是对政府的社会责任均值，对社区和公众的社会责任均值最低，说明大多数家族企业更有意愿和能力履行基础层次的社会责任，而高层次的对社区和公众的社会责任的履行往往根据自身能力进行裁量。

为了更具体地观察 2010~2015 年 656 家家族企业的社会责任表现，本书还计算出了分年度的描述性统计结果，如表 7.3 所示。

表7.3 　　　　　　　　 家族企业社会责任表现分年度描述性统计

变量	2010 年		2011 年		2012 年		2013 年		2014 年		2015 年	
	均值	标准差	均值	标准差	均值	标准差	均值	标准差	均值	标准差	均值	标准差
Crs	23.94	10.09	25.15	11.77	25.60	13.65	25.60	13.98	21.82	11.54	23.20	37.61
Inv	14.47	3.16	14.75	4.50	14.52	5.18	14.24	5.41	14.37	5.85	15.20	35.79
Emp	2.57	3.06	2.83	3.36	3.31	3.68	3.26	3.60	2.14	2.33	2.37	2.76
Cus	2.03	4.66	2.45	5.22	2.86	5.80	3.00	6.05	0.82	3.43	1.16	4.15
Gov	4.60	3.63	4.71	3.52	4.53	4.45	4.64	4.12	4.31	4.27	4.01	4.61
Com	0.29	1.45	0.42	1.71	0.39	1.80	0.47	1.80	0.04	0.59	0.06	0.71
Env	1.99	4.79	2.38	5.38	2.99	6.44	2.84	6.12	0.77	3.38	1.20	4.60

资料来源：笔者自制。

从表7.3可以看出，2010～2015年，家族企业总体社会责任和单维度社会责任得分的均值较为稳定，没有太大波动，说明我国有一定的家族企业社会责任意识。

（二）实证分析

1. 相关性分析。基本样本数据，本书通过计算 Pearson 相关系数，初步判断自变量之间是否存在多重共线性，为回归模型的修改提供参考依据。计算结果如表7.4所示。

从表7.4可以看出，被解释变量（Roe）与代表家族企业社会责任投资的各解释变量之间至少在 0.05 水平上显著为正相关关系，这充分说明了各指标变量的代表性较强。解释变量 Csr 与 Inv、Cus 的相关系数均大于 0.5，表现出较强的相关关系，说明解释变量之间存在多重共线性问题。Roe 与 VrR、MnrR 的相关关系显著性不强，可能与未能对其他变量进行控制有关；Roe 与 VnrR 的相关系数为正，与前面假设一致。

2. 回归分析。

（1）模型1的回归结果。从相关性分析结果得知，解释变量 Csr 与其他解释变量之间存在多重共线性问题。因此，在构建模型1时对解释变量 Csr 进行了剔除。对面板数据模型进行回归之前，先需要筛选模型。本书通过

表 7.4

主要变量相关系数

变量	Roe	Csr	Inv	Emp	Cus	Gov	Com	Env	VrR	VnrR	MnrR
Roe	1.0000										
Csr	0.1775 (0.0000)	1.0000									
Inv	0.1236 (0.0000)	0.8403 (0.0000)	1.0000								
Emp	0.1139 (0.0000)	0.4904 (0.0000)	0.0592 (0.0002)	1.0000							
Cus	0.1061 (0.0000)	0.5190 (0.0000)	0.0581 (0.0003)	0.8306 (0.0000)	1.0000						
Gov	0.1077 (0.0000)	0.2818 (0.0000)	0.0488 (0.0022)	0.0282 (0.0773)	0.0548 (0.0006)	1.0000					
Com	0.0707 (0.0000)	0.3207 (0.0000)	0.0343 (0.0315)	0.3983 (0.0000)	0.4704 (0.0000)	0.1191 (0.0000)	1.0000				
Env	0.0712 (0.0000)	0.4543 (0.0000)	0.0477 (0.0028)	0.8458 (0.0000)	0.8738 (0.0000)	-0.0259 (0.1043)	0.3221 (0.0000)	1.0000			
VrR	0.0043 (0.7893)	0.0109 (0.4951)	0.0063 (0.6916)	0.0067 (0.6764)	0.0062 (0.6998)	0.0149 (0.3501)	0.0004 (0.9825)	0.0066 (0.6799)	1.0000		
VnrR	0.0486 (0.0023)	0.4209 (0.0000)	0.0310 (0.0526)	0.8232 (0.0000)	0.8410 (0.0000)	-0.0408 (0.0106)	0.4214 (0.0000)	0.9636 (0.0000)	0.0068 (0.6687)	1.0000	
MnrR	-0.0046 (0.7758)	-0.0125 (0.4331)	-0.0064 (0.6879)	-0.0085 (0.5933)	-0.0083 (0.6025)	-0.0152 (0.3410)	-0.0034 (0.8297)	-0.0084 (0.5983)	-1.0000 (0.0000)	-0.0085 (0.5948)	1.0000

注：括号中表示变量之间相关关系的 P 值。

资料来源：笔者自制。

Hausman 检验，发现 Hausman 检验的 P 值为 0.0000，拒绝了原假设，表明需要采用固定效应模型对模型 1 进行回归分析，回归结果如表 7.5 所示。

表 7.5　　　　　　　　　　模型 1 的面板回归结果

解释变量	回归系数
Inv	0.0002 * （1.74）
Emp	0.0054 *** （3.01）
Cus	0.0017 （1.44）
Gov	0.0011 ** （2.00）
Com	0.0002 （0.13）
Env	− 0.0036 *** （− 3.46）
ItR	− 0.0539 （− 0.96）
Lev	0.0047 （0.16）
Size	− 0.0111 * （− 1.75）
Year	− 0.0036 *** （− 2.63）
截距项	0.3349 ** （2.55）
F	6.65
P	0.0000

注：*、** 和 *** 分别表示在 10%、5% 和 1% 水平上显著，括号为 t 值。
资料来源：笔者自制。

从表 7.5 中的回归系数结果可以看出，假设 1a、假设 1b、假设 1c、假设 1d、假设 1e 和假设 1f 均得到了验证，与前面提出的研究假设一致。家族企业对投资者、员工、政府的社会责任投资对企业价值产生显著的正向效应，对环境的社会责任投资对企业价值产生显著的负向效应。家族企业对客户和供应商以及社区和公众的社会责任投资对企业价值的影响虽符合预期，但均没有通过显著性检验，表明家族企业是否承担对客户和供应商以及社区和公众的社会责任，对企业增加价值的创造并没有太大的影响。控制变量 ItR 和 Lev 对企业价值的影响没有通过显著性检验，表明家族企业的独董比例和债务融资比率并不影响企业价值的提升。控制变量 Size 和 Year 对企业价值产生显著的负向效应，因为家族企业规模越大，上市年限越久，其市场价值提升的难度就越大，市场价值会被一些新上市的家族企业所挤占。

另外，纵向来看，家族企业对员工的社会责任投资所提升的企业价值要大于对投资者和政府的社会责任投资，意味家族企业应加大对员工的社会责任投资，这也符合当前的家族企业变革潮流。近些年来，股权激励越来越成为家族企业提升管理、创新制度的一个热点问题。在家族企业工作的员工，不少都抱有一种强烈的"打工心态"，很少有员工会树立一种与企业共存亡的观念，忠诚度较低。通过变革激励制度，才能让更多的员工去认可和真心地付出，使企业获得更多的增长潜力，获得更大的发展。

（2）模型 2 的回归结果。通过 Hausman 检验，发现需要采用固定效应模型对模型 2 进行回归分析，回归结果如表 7.6 所示。

表 7.6   模型 2 的面板回归结果

解释变量	回归系数
Csr	0.0003 *** （3.05）
VrR	0.0342 * （0.84）
VnrR	0.0162 * （0.80）
MnrR	− 0.0342 * （− 0.84）
ItR	− 0.0463 （− 0.82）
Lev	0.0027 （0.09）
Size	− 0.0098 （− 1.53）
Year	− 0.0040 *** （− 2.89）
截距项	0.3524 ** （2.55）
F	6.11
P	0.0000

注：* 、** 和 *** 分别表示在 10%、5% 和 1% 水平上显著，括号为 t 值。
资料来源：笔者自制。

从表 7.6 中的回归系数结果可以看出，假设 2a、假设 2b 和假设 2c 均得到了验证，与研究假设一致，另外，VrR、VnrR 和 MnrR 均通过显著性检验，和上述假设一样，表明家族企业的社会责任投资结构影响企业价值的提升。

（3）模型 3 的回归结果。通过 Hausman 检验，同样采用固定效应模型对模型 3 进行回归分析，回归结果如表 7.7 所示。

表 7.7　　　　　　　　　　　　模型 3 的面板回归结果

解释变量	回归系数
Inv_FcR	0. 0000133 ** （2. 59）
Emp_FcR	0. 0001609 *** （3. 95）
Cus_FcR	0. 0000189 （0. 73）
Gov_FcR	0. 0000224 （1. 58）
Com_FcR	3. 74e－06 （0. 11）
Env_FcR	－ 0. 0000829 *** （－ 3. 48）
ItR	－ 0. 0485241 （－ 0. 86）
Lev	0. 0061106 （0. 20）
Size	－ 0. 0108501 * （－ 1. 70）
Year	－ 0. 0031752 ** （－ 2. 26）
截距项	0. 3189168 ** （2. 41）
F	7. 78
P	0. 0000

注：* 、** 和 *** 分别表示在 10% 、5% 和 1% 水平上显著，括号为 t 值。
资料来源：笔者自制。

从表 7.7 中的回归结果可以看出，假设 3a 得到了验证。家族控制权增加对家族企业对投资者和员工的社会责任投资与企业价值正相关关系具有显著的正向调节作用，对客户和供应商以及政府的社会责任投资与企业价值正相关关系的正向调节作用并不显著，对环境的社会责任投资与企业价值负相关关系的调节作用也很显著。

（4）模型 4 的回归结果。同样采用固定效应模型对模型 4 进行回归分析，回归结果如表 7.8 所示。

表 7.8　　　　　　　　　　　　模型 4 的面板回归结果

解释变量	回归系数
Inv_FCEO	0. 0002003 * （1. 72）
Emp_FCEO	0. 0076537 *** （3. 97）
Cus_FCEO	0. 0007646 （0. 58）
Gov_FCEO	0. 0001907 （0. 31）
Com_FCEO	0. 0008188 （0. 42）

续表

解释变量	回归系数
Env_FCEO	-0.0038306^{***} （-3.41）
ItR	-0.0577435 （-1.03）
Lev	0.0025146 （0.08）
Size	-0.0101209 （-1.60）
Year	-0.003832^{***} （-2.78）
截距项	0.321589^{**} （2.45）
F	6.94
P	0.0000

注：*、**和***分别表示在10%、5%和1%水平上显著，括号为t值。
资料来源：笔者自制。

从表7.8中的回归结果可以看出，假设3b得到了验证。对比模型3的回归结果，家族成员任职董事长对家族企业对投资者和员工的社会责任投资与企业价值正相关关系同样具有显著的正向调节作用，且调节作用大于家庭控制权增加。家族成员任职董事长对客户和供应商以及政府的社会责任投资与企业价值正相关关系的正向调节作用也不显著。

本书从两个方面进行稳健性检验：（1）家族企业履行社会责任对企业价值影响的稳健性检验；（2）家族成员担任董事长对家族企业社会责任与企业价值正相关关系的调节作用的稳健性检验。

1. 家族企业社会责任对企业价值影响的稳健性检验。为了验证本书该结论的客观性和准确性，本部分采用总资产收益率指标来代替净资产收益率指标来表示企业价值，再对两者关系进行面板回归，回归结果如表7.9所示。将表7.5与表7.9进行对照分析显示，两个模型的各个指标的系数的符号基本上相一致，有少数仅是在显著性或者数值大小上存在一些迥异，不过具有较强显著性的系数在两个模型中并未改变符号。这表明，以总资产收益率指标为被解释变量进行面板回归对前面的结论并没有实质性的影响，即本书得出的实证结果是稳健可靠的。

表 7.9　　　　　家族企业社会责任对企业价值影响的稳健性检验结果

解释变量	回归系数
Inv	0.0001206 ** （2.41）
Emp	0.0023498 *** （3.07）
Cus	0.0005495 （1.11）
Gov	0.0002995 （−1.23）
Com	−0.0002259 （−0.34）
Env	−0.0013873 *** （−3.15）
ItR	−0.0439984 * （−1.83）
Lev	−0.0186891 （−1.47）
Size	−0.0075352 *** （−2.77）
Year	−0.0023126 *** （−3.89）
截距项	0.2358137 *** （4.18）
F	12.04
P	0.0000

注：*、** 和 *** 分别表示在10%、5%和1%水平上显著，括号为 t 值。
资料来源：笔者自制。

2. 家族成员担任董事长带来的调节作用的稳健性检验。为了验证本书该结论的客观性和准确性，本小节使用家庭成员兼任董事长和总经理（两职合一）的指标来替代家庭成员只担任董事长或总经理的指标，再对模型4进行回归，回归结果如表7.10所示。

表 7.10　　　　　　　家族成员的稳健性检验结果

解释变量	回归系数
Inv_FD	0.0001245 （1.06）
Emp_FD	0.0061687 ** （2.53）
Cus_FD	0.0041587 ** （2.14）
Gov_FD	−0.0006547 （−0.83）
Com_FD	−0.0020025 （−0.52）
Env_FD	−0.0048694 *** （−2.81）
ItR	−0.0431492 （−0.77）
Lev	−0.0005848 （−0.02）

续表

解释变量	回归系数
Size	− 0.0094827 （− 1.50）
Year	− 0.0040255 *** （− 2.93）
截距项	0.313316 ** （2.38）
F	6.15
P	0.0000

注：* 、** 和 *** 分别表示在 10% 、5% 和 1% 水平上显著，括号为 t 值。

资料来源：笔者自制。

将表 7.8 与表 7.10 进行对照分析显示，具有较强显著性的系数在两个模型中并未改变符号，3 个非显著性指标在符号上相反。这说明，家族成员兼任董事长和总经理对家族企业社会责任与企业价值正相关关系也具有正向调节作用，表明本书得出的实证结果是稳健可靠的。

四、研究结论

本节采用多元回归方法，通过建立回归模型从家族企业社会责任投资及其各维度、家族企业社会责任投资结构、家族控制三个方面对家族企业价值提升的机理进行实证检验。其结论如下。

1. 家族企业社会责任投资各维度对家族企业价值有显著影响。（1）家族企业对投资者、员工以及政府的社会责任投资对企业价值产生显著的正向效应，环境维度的投资对企业价值产生显著的负向效应。纵向来看，家族企业对员工的社会责任投资所提升的企业价值要大于对投资者和政府的社会责任投资。（2）家族企业对客户和供应商以及社区和公众的社会责任投资对企业价值的影响符合预期，但显著性不够强，表明家族企业是否承担对客户和供应商以及社区和公众的社会责任，对企业增加价值的创造并没有太大的影响，也反映出这两个维度的投资存在滞后效应。（3）家族企业的独董比例和债务融资比率并不影响企业价值的提升。（4）企业规模与上市年限对企业价值产生显著的负向效应，因为家族企业规模越大，上市年限越久，其市场价值提升的难度就越大，市场价值会被一些新上市的家族企业所挤占。

2. 家族企业社会责任三种投资结构对家族企业价值也有显著影响。（1）自愿有回报的 CSR 和自愿无回报的 CSR 投资对家族企业价值的提升有正向影响效应，说明家族企业比较重视股东、员工及客户和供应商的组合投资，这样才能共同为家族企业创造经济收益；对于自愿而无回报的社区和公众及环境维度的投资，家族企业可能更多关注企业社会责任投资的长期效应和可持续发展目标。（2）非自愿无回报的 CSR 投资对家族企业价值的提升有负向影响效应。

3. 家族控制对家族企业社会责任投资及其结构与家族企业价值关系的调节效应显著。（1）家族控制权增加对投资者和员工的社会责任投资与企业价值正相关关系具有显著的正向调节作用，但对客户和供应商以及政府的社会责任投资与企业价值正相关关系的正向调节作用并不显著，说明家族控制权对家族企业内部的投资者和员工影响更大。（2）家族成员任职董事长或总经理对家族企业对投资者和员工的社会责任投资与企业价值正相关关系同样具有显著的正向调节作用，且调节作用大于家庭控制权增加。

第二节　家族企业社会责任投资与
企业价值：机器学习法

随着近 20 年来计算机的内存和计算能力的大幅提升，数值研究方法开始被广泛地应用于企业财务分析和企业治理研究等领域。然而，对公司的企业价值进行数值模拟研究是一个高度非线性的问题，其中，所使用的参数涉及公司各个维度的情况。机器学习，作为一个与计算机科学和统计学高度相关的技术，近些年来开始在自然科学、工程学甚至社会科学中被广泛使用。本书使用企业社会责任评分作为训练参数，利用机器学习中监督学习的算法，成功对企业的净资产收益率进行了预测，证明了机器学习相关算法可以应用在研究企业社会责任和企业价值的关系的问题当中。同时，本书也使用了监督学习中支持向量机算法（support vector machine，SVM）和 K - 近邻算法（k-nearest neighbor，KNN）两种算法，最终通过准确率、查准率、召回率和 F 测度等指标进行对比分析发现，SVM 模型的预测结果要好于 KNN 模型。此类分析手段还可以通过扩展使用神经网络算法运用于更为复杂的、涉及参数更多的企业社会责任的研究当中。

一、引言

当前，许多企业通过慈善捐赠、环保投资、员工福利等方式承担企业社会责任。已有相当数量的研究对企业社会责任和企业价值之间的关系进行了探究。虽然这些研究已经取得了不错的成果，但是由于企业社会责任和企业价值之间关系的理论还不是非常完善，使相关研究变量难以得到很好的控制，这种关于参数的不确定性会对研究高度非线性问题制造很多的困难。

在很多领域的研究中，数值模拟一直是一个首选的研究工具。但是随着人们获取海量数据能力的不断提升，对处理并应用这些海量数据技术的需求也在不断提升。机器学习就是其中一种。虽然几十年前机器学习已经开始被应用在一些领域当中，但是直到近十年它的热度才得到快速提升，并在一些领域内被用于进行分类和预测等任务，例如医药、医疗诊断、工厂管理、广告投放等。近几年，在经济管理学领域许多学者也尝试使用机器学习方法进行学术研究。例如，有学者使用机器学习算法利用第三方数据对企业贷款意愿进行了分析和预测（朱晓丽等，2017），还有学者使用机器学习算法对中小企业信贷风险进行了研究（杨圣青，2019）。机器学习不仅是处理海量数据和数据挖掘的强大技术，而且在存在大量参数的情况中表现良好。本节研究的目的就是证明机器学习算法在企业社会责任研究当中的应用能力，为分析企业社会责任数据提供一些新的思路和想法。

二、机器学习简介

机器学习在 20 世纪下半叶被提出并发展起来，它是计算机科学、人工智能和统计学的一个交叉领域，它赋予了计算机一定的学习能力，而无须对任务的细节进行编程。"机器学习"一词是塞缪尔基于麦卡洛克和皮茨的神经元模型而首次使用的。第一种机器学习算法是由罗森布拉特（Rosenblatt，1957）的"感知器学习规则"提出的，它可以应用于监督学习中的二分类（标签预测）问题。如图 7.1 所示，输入信号被输入端（类似于神经元的树突）捕获，基于此，一个响应在输出端（类似于神经元的轴突）显示为单个输出。在机器学习中，从输入终端接收的样本（分类对象）的输入信号被称为"特征"，输出终端的单个信号指定了样本的类别标签。该逻辑门可以根据对象的属性（特征）对其进行分类。特征信号（X）形成一个维度为 n 的（样品有 n 个特征）的向量，而监督机器学习（supervised machine learning）是一个通过计算大量已知类别的训练样本再去更新权重（weight update）的优化过程。

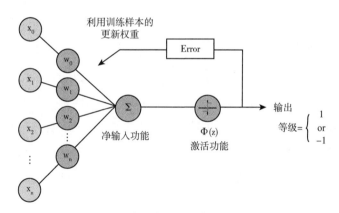

图 7.1　麦卡洛克和皮茨的人工神经元

注：利用训练样本的特征（X）和类标签（φ）迭代计算权重系数（W）。在每次迭代中更新权重因子，直到学习模型的预测得到充分改进。

资料来源：笔者自制。

三、数据来源与研究方法

（一）数据选择

企业价值与企业社会责任投资是否相关一直是被广泛研究的课题。本书从国泰安数据库下载了 2010～2015 年的家族企业财务数据，按本章第一节的原则进行筛选，最终形成样本共 656 家企业，共 3936 个观测值。本书采用家族企业的年度净资产收益率作为评价企业价值的指标，同时将其分类并打上标签，如表 7.11 所示。

表 7.11 数据标签的分类

类型标签	类型 1	类型 2	类型 3	类型 4
净资产收益率（Roe）	Roe<0%	0<Roe<10%	10%<Roe<15%	15%<Roe

资料来源：笔者自制。

同时本书选择和讯网 2010～2015 年"上市公司社会责任报告"中的数据作为依据，确立了本书中两个企业社会责任的评测体系。第一个评测体系为企业社会责任单维度投资，其中用六个维度的数据对企业社会责任进行了描述，分别是"对投资者投资""对员工投资""对客户和供应商投资""所得税占比""对社区和公众投资""对环境投资"（本书将和讯网中的第五项"对社区的投资"分解为"所得税占比""对社区和公众的投资"，其中对社区和公众的投资用"公益捐赠"测量）。另一个评测体系主要依据企业社会责任投资结构来进行确立，其中包括三个维度的数据："自愿且有回报投资占比""自愿但无回报投资占比""非自愿无回报投资占比"。数据的具体描述如本章第一节表 7.1 和表 7.12 所示。

表 7.12 两种评测企业社会责任的体系

变量名称	评价指标	变量代码	评测体系
企业社会责任单项投资	对投资者投资	Investor CSR（Inv）	第一个评测体系
	对员工投资	Employee CSR（Emp）	
	对客户和供应商投资	Customer vs. Supplier CSR（Cus）	
	所得税占比	Government CSR（Gov）	
	对社区和公众投资	Community CSR（Com）	
	对环境投资	Environment CSR（Env）	
企业社会责任投资结构	自愿且有回报投资占比	Voluntary return CSR（VrR）	第二个评测体系
	自愿但无回报投资占比	Voluntary no return CSR（VnrR）	
	非自愿无回报投资占比	Mandatory no return CSR（MnrR）	

资料来源：笔者自制。

本书选用这两种评测体系中所涉及的数据作为两种类型的特征，并选用前面提到的净资产收益率的类别作为目标，对模型进行训练。

（二）数据预处理

在应用机器学习算法对模型训练之前，数据必须经过预处理才可以使用。首先，特征数据集必须进行缩放（scaling）。缩放提高了计算效率，加快了收敛速度，保证了激活函数的正常工作。另外正则化（regularization）可以用于训练模型的复杂性调整，也可以正确地处理缩放数据。包含训练和测试样本的数据在用于训练和测试之前也应该是随机的，因为训练数据和测试数据（是整个数据的子集）都必须包含所有类别标签的随机分布。如果不这样做，训练过的模型将无法成功预测测试数据或任何其他不可见数据集的类别标签。在数据经过预处理之后，也把数据集随机分成训练集和测试集，其中，70%为训练集，30%为测试集。

（三）算法选择

本书使用了监督机器学习相关算法来对企业净资产收益率情况进行了预测，而具体算法的选择取决于学习问题的性质，包括特征和类别的数量、样本的数量以及非线性的程度。以企业社会责任数据为特征，本书选用了支持向量机算法（SVM，见附录）和 K－近邻算法（KNN）对模型进行训练，并对企业净资产收益率进行预测。

在支持向量机算法中参数的选择对训练结果的影响很大，这些参数包括核函数的选择，gamma 和 C 值的确定。其中，核函数本书选择了线性函数（linear）和径向基函数（radial basic function）对模型进行训练。本书希望通过对企业社会责任数据的学习来对企业净资产收益率进行预测，这是一个类似反演问题的任务，此类任务使用比较传统的反演方法如回归或退火算法也可以得到较好的结果。但机器学习在现在大数据广泛应用的背景下可以作为一个较为可靠的解决反演问题的替代算法。

对于 gamma（γ）和 C 的选择要十分谨慎。C 可以被视为惩罚系数，也就是对训练中出现的错误的宽容程度。C 越高，说明越不能容忍出现误差。选择数值比较高的 C 容易造成过拟合（overfitting），但选择数值比较小的 C 又容易造成欠拟合。不管 C 过高还是过低，都对模型的泛化能力有很大影响。Gamma 在线性核函数不需要涉及，它是在选择 RBF 函数作为核函数之后自带的一个参数。它在一定程度上决定了高维数据如果映射到新的特征空间后的分布，gamma 选用的值比较大，那么支持向量就越少；反之则支持向量越多，而支持向量的个数会影响训练与预测的速度。本书使用了 grid search 的方法对最优的 gamma 值选择进行了搜索，也就是在固定的 C 和变化的 gamma 所组成的二维矩阵中，依次对每一对参数的效果进行比较，并得出全局最优解。在使用 grid search 的同时本书也应用了交叉验证（cross validation）的方法对每一组参数进行了检验，交叉验证需要有一部分没有经过训练的数据来为每一组参数提供验证，这样可以避免训练效果的失真（准确率过于高）。

K–近邻算法是本书选用的另一个机器学习算法，在 1968 年被科弗和哈特（Cover and Hart）提出，是最为简单的机器学习算法之一。该算法的思路是对于特定样本计算并得出在特征空间中离他最近的（也就是最相似的）K 个样本，并通过 K 个样本中大多数所属的类别来确定该特定样本的类别。K–近邻算法当中同样需要选择参数 K 的大小，K 值越大，说明选用了比较多的训练实例来对特定训练样本进行预测，这样会使与特定样本距离较远的实例也会对预测产生影响，从而使模型变得比较简单，但模型的准确率会因而下降。反之，当选择比较小的 K 值的时候，模型会变得十分复杂，准确率会上升但发生过拟合的可能性会增大。同样在这里本书继续使用了交叉验证的方法去找到最优的 K 值。

四、结果比较

（一）评估指标

本书使用支持向量机算法和 K–近邻算法分别对两个类型的特征数据集

（企业社会责任单项投资和企业社会责任投资结构）进行了学习，并建立了分预测模型。模型的好坏通常可以使用准确率、查准率（precision）、召回率（查全率，recall）和 F 值来进行评定。准确率比较直观，等于（被正确预测的样本总数）/（所有参与测试的样本总数）。查准率和召回率一般被用于对二分类模型进行评定。二分类问题中一般目标为正和负两个种类，查准率表示的是在预测结果中，预测为正的样本当中有多少是真正的正样本，在实际预测中，把正类预测为正用 TP 表示，把负类预测为正用 FP 表示，那么查准率就可以表示为：

$$P = \frac{TP}{TP + FP} \qquad (7-6)$$

而召回率表示的是在我们原来的训练样本中，有多少正类被准确地预测了，那么也存在两种可能，一种是把本来的正类预测成正类（TP）；另一种就是把本来的正类预测成了负类，所以召回率可以表示为：

$$R = \frac{TP}{TP + FN} \qquad (7-7)$$

但有的时候召回率和查准率可能会出现互相矛盾的情况，这时候就需要综合考虑这两个指标，而使用 F1 值就是一个比较常见的方法。F1 值是查准率和召回率的加权调和平均值，可以比较准确和综合地反映模型整体的指标。

而在本书中，需要被评估的是多分类模型，那么上述几个指标就变成对每个类别的查准率、召回率和 F1 值的加和求平均。本书所选用的计算方法是加权平均，这样可以考虑到每个类别的数量在总的数据集中的占比，从而得出更加准确的评估结果。

（二）算法比较

本书对支持向量机算法（选用径向基函数）和 K – 近邻算法进行了对比，这两种机器学习算法预测结果如表 7.13 所示。

表7.13　　　　　　　　　　　　　算法评估结果

项目		企业社会责任单维投资数据集	企业社会责任投资结构数据集
准确率	支持向量机算法	0.66	0.66
	K－近邻算法	0.58	0.56
查准率	支持向量机算法	0.98	1
	K－近邻算法	0.63	0.63
召回率	支持向量机算法	0.66	0.66
	K－近邻算法	0.59	0.56
F1 值	支持向量机算法	0.79	0.8
	K－近邻算法	0.61	0.59

资料来源：笔者自制。

通过表7.13结果的对比分析发现，两种算法都能够给出相对合格的预测结果，但是在准确率、召回率、查准率和 F1 值上 K－近邻算法的结果都与支持向量机算法有一定的差距。这也证明了支持向量机算法在解决高维数据问题上的能力。

同样可以从表7.13中看出，两种类型的企业社会责任特征数据集给出的结果基本相似，都比较令人满意，由此证明了不管是企业的社会责任单项投资还是社会责任投资结构都和企业价值具有一定的相关性。

（三）核函数比较

在支持向量机算法中本书使用了两种函数，其预测结果如表7.14所示。从表7.14可以看出，线性函数与径向基函数（RBF）在相对比较高维的数据上表现基本相同，而对社会责任投资结构这种只有三个维度的数据集的训练和预测上，进行了参数调优的支持向量机算法就能给出更好的结果。

表7.14　　　　　　　　　　　线性与 RBF 函数的结果对比

项目		企业社会责任单维投资数据集	企业社会责任投资结构数据集
准确率	线性函数	0.65	0.66
	RBF 函数	0.66	0.66

项目		企业社会责任单维投资数据集	企业社会责任投资结构数据集
查准率	线性函数	1	0.65
	RBF 函数	0.98	1
召回率	线性函数	0.66	0.66
	RBF 函数	0.66	0.67
F1 值	线性函数	0.79	0.66
	RBF 函数	0.79	0.8

资料来源：笔者自制。

五、结果讨论

本节使用了机器学习相关算法对从第三方网站获取的企业社会责任数据和财务数据进行了分析并建立了相关的预测模型，结果显示，在本书所用的机器学习算法中，支持向量机算法能够给出更好的预测结果，这一方面证明了企业社会责任和企业价值之间的相关性；另一方面也证明了机器学习相关算法具备在企业社会责任数据上应用的能力。在面对其他更加复杂的、涉及参数更多的企业管理问题上，可以把现在的方法进行拓展——尝试去使用神经网络算法对数据进行分析，或许也可以得到一些有意义的结果。

本书研究的缺陷在于机器学习算法的解释性较差，它可以实现比较好的分类效果，但在分类的依据上，如在本书中，企业社会责任和企业价值是正相关还是负相关，无法得到很好的观察。这类缺陷应通过与传统数值模拟方法结合在一起进行探究来弥补。

| 第八章 |

企业社会责任投资决策中的神经机制研究

随着自然科学技术的快速发展，脑成像和脑电测量技术日益成熟，神经科学在心理学、社会学、经济学、管理学等领域的应用与交叉融合取得了重要进展。传统的管理科学中，变量测量的最大障碍之一是缺乏统一的判定标准，使许多研究无法去证伪。而神经科学基于对脑活动的研究，在许多变量的测量中，可以构造出精确的效标，以此修正主观判定量表，这对管理科学的量化研究与个案研究相结合将具有极大的推动作用（马庆国等，2006）。

同样，神经科学理论及其研究技术创新也为会计学者更加直接地观察会计行为的大脑活动提供了机会，尤其是基于脑电测量的事件相关电位（event-related potential，ERP）、功能性磁共振成像（functional magnetic resonance imaging，fMRI）等非侵入性脑测量工具得到了广泛应用。例如，法雷尔等（Farrell et al. , 2014）基于神经奖赏系统，运用 fMRI 方法和传统的实验方法，分别探索了薪酬激励下投资决策中的情绪决策与理性决策（双重处理程序理论）的神经机制，为薪酬方案设计提供了新的视角。此后，许多会计学者在国际顶尖会计期刊纷纷发表基于神经科学方法的会计论文，神经会计学开始兴起。会计植根于道德行为，良好的道德能够促进经济效率（Arrow，1972；McCloskey，2007）。企业社会责任是会计道德的重要表现之一，因此，企业社会责任履行行为及其可持续发展有望通过神经科学研究工具取得重要突破（崔学刚等，2016）。

家族企业是指家族成员的控制权和所有权占有很大比例的企业类型，企业的各项投资决策往往取决于家族企业创始人或实际控制人的决策，体现为较明显的个体特征。与国有企业相比，民营企业家和家族企业创始人或实际控制人对企业有较多的所有权和控制权，因而民营（家族）企业的捐赠能够更多地体现企业家本人的意愿（张光曦，2018）。因此，家族企业个体的决策意愿是影响家族企业发展的重要变量。同样，家族企业社会责任投资也会受到家族企业创始人或实际控制人的价值取向、教育背景、儿时经历等方面的影响。近十多年来，自社会情感财富理论创立以后，学者们一直关注该理论在家族企业决策行为和战略偏好中的应用，而对其微观的心理学基础未进行深入的探索（李新春等，2020）。这导致虽然社会情感财富理论得到广泛运用，但由于缺乏持续的发展和测量体系，一些观点与结论仍旧存在较大的争议。社会情感财富理论如何与社会心理学进行融合，是家族企业理论发展的一个重要方向（Jiang et al.，2018）。

为此，本书尝试以慈善捐赠作为企业社会责任投资的代理变量，通过运用神经管理科学工具之一的事件相关定位方法（ERPs）来探索家族企业主社会责任投资意愿的脑神经反应，以期对企业社会责任投资决策的研究提供更多的借鉴。

第一节　引言

现有研究中已经有学者开始关注不同情境下的捐赠决策。例如，哈博等（Harbaugh et al.，2007）研究探讨了慈善捐赠的动机，他们将慈善情境分为必须捐赠（即强迫的、类似纳税）和自愿捐赠两种。研究发现，自愿捐赠情况下被试的满意度评级较高（均值）（Harbaugh et al.，2007）。此外，也有研究以捐赠金额作为捐赠决策的一个维度探讨捐赠决策的多元特性（Fajardo et al.，2018；Paramita et al.，2020），以及进一步研究捐赠金额与捐赠情境互动关系的必要性。例如，迈尔等（Mayr et al.，2009）指出，捐赠金额在人们的捐赠决策中发挥着重要作用。他们认为，在自愿条件下，随着捐赠数量的增加，捐赠时大脑的激活水平和意愿也会增加（Mayr et al.，2009），这是值得去验证的问题。然而，尽管它在决策中发挥着非常重要的作用，却很少有研究关注捐赠决策的心理过程（Moon et al.，2015；George and Dane，2016；Gangl et al.，2017；Tao et al.，2020）。

刺激—机体—反应（S - O - R）理论是一个被广泛应用于理解人类行为的框架，它假设环境刺激影响人类的认知和情感反应，从而影响行为（Mehrabian and Russell，1974）。根据 S - O - R 理论，作为环境刺激的捐赠情境和数量可能会影响个体的心理过程和随后作出的决策。此外，心理逆反（psychological reactance，PR）可能是另一个符合我们当前研究问题的理论。PR 理论被广泛用于解决某些社会影响的现象，根据这一理论，如果个体感到自己的任何自由行为被消除或受到消除的威胁（如在胁迫的背景下），就会产生心理逆反的动机状态（Brehm，1993；Miron and Brehm，2006）。所以本书中的必须捐赠也可能诱发被试的心理机制和相应的决策行为。因此，本书拟运用 S - O - R 框架和 PR 理论，探讨捐赠情境和捐赠金额对捐赠决策和相应心理过程的影响。具体来说，我们关注两种捐赠情境，必须捐赠和自愿捐赠，以及与捐赠金额高和低的交互作用。

在研究方法上，由于心理量表（如情绪效价、情绪唤醒量表）和传统的研究方法（如问卷、访谈）往往不准确、不客观，因此，本书采用了神经科学的研究方法。事件相关电位（event-related potentials，ERPs）是一种使用非侵入性技术的神经科学方法，已被反复用于洞察社会决策。它的高时间分辨率使人们能够详细地理解决策的心理时间测定（Gangl et al.，2017；Jin et al.，2018）。因此，本书采用 ERP 工具和方法来探讨不同捐赠情境下捐赠数量变化时个体心理机制对捐赠决策的影响。

许多研究者使用 ERP 研究相关的认知神经机制（Yoder and Decety，2014；Jin et al.，2020；Xu et al.，2020）。这些研究发现了以往决策神经科学研究中频繁使用的两个与情绪相关的 ERP 成分，即与注意力资源分配加工相关的成分 P2，以及与情绪唤醒密切相关的成分 LPP（late positive potential）。

在 ERP 成分中，早期成分指的是那些出现在刺激发生后的前 300ms 的成分，据报告称这些成分显示了重要情绪刺激的初始感觉编码（Junghöfer et al.，2001；Schupp et al.，2007）。已有 ERP 研究指出，P2 是一个与注意力相关的成分，表明早期的快速自动活动。研究表明，与正性刺激相比，负性刺激能够吸引更多的注意力资源，并诱发更大的 P2 振幅（Carretié et al.，2001；Huang and Luo，2006；Wang et al.，2012）。例如，詹等（Zhan et al.，2018）发现，在道德决策过程中，与决定帮助朋友时的刺激相比，当受试者决定是否帮助陌生人时，会诱发更大的 P2 振幅。P2 振幅与主观不愉快之间的正相关证实了这一点（Sarlo et al.，2012；Pletti et al.，2015）。就捐赠而言，哈博等（Harbaugh et al.，2007）发现，捐赠金额的提高增加了自愿捐赠被接受的可能性。他们还研究了主观满意度评分，将其作为对主体和慈善机构在自愿和强制条件下的回报的函数。结果表明，当慈善机构收到的钱比他们捐赠的钱多时，主观满意度就会增加，而且自愿捐赠条件下的满意度比必须捐赠条件下的满意度更高（Harbaugh et al.，2007）。这一发现表明，人们倾向于接受慈善机构收到比他们预期更多的钱。此外，已有研究也表明，在进行慈善捐赠时，人们会将更多的注意力资源分配到成本相关的信息上，这在 P2 成分中得到了反映（Gasiorowska et al.，2016；Li et al.，2021）。本书中，被试可能会在自愿条件下更有意识地计算个人成本（他们捐出的钱）和利益（他们最终分配给慈善机构的金钱利益）。我们预测，当慈善机构收到的钱比他们捐出的钱少时，被试会不满意，这可能会诱发更多的负性情绪，并获得更多的注意力资源。在强制性条件下，根据 PR 理论，当被试的选择自由受到限制时，他们会自动地被激发参与控制厌恶行为以恢复自由（Brehm，1993）。然而，现有研究也发现，社会强迫可能会降低代理感和对自己行为后果的神经加工过程（Caspar et al.，2016；Caspar et al.，2018；Villa et al.，2021）。在我们的实验设置中，被试被告知，无论他们选择"确认"，捐赠都会发生，这种情况可能会降低他们的代理感，影响他们的控制厌恶。因此，我们估计，在必须捐赠情况下无论慈善机构收到多少钱，被试都可能不会分配更多的注意力资源。由此我们提出以下假设。

假设 1：相对于必须捐赠，在自愿捐赠的情况下，收到较少钱的慈善机构会吸引更多的注意力资源，从而引发更大的 P2 振幅（正极性）。

另一个成分是 LPP，它是一种晚期正电位成分，主要位于大脑的中央——顶叶区（Cuthbert，2000；Schupp et al.，2007）。此外，所罗门等（Solomon et al.，2012）也证明了情绪对 LPP 的影响不仅在后脑区显著，而且在中央和前脑区也显著。一系列研究表明，LPP 对情绪刺激很敏感（Schmitz et al.，2012；Solomon et al.，2012）。因此，研究者将 LPP 振幅的差异作为情绪调节加工的标志，反映个体对情绪刺激所带来的影响的调节程度，其大小反映了情绪调节能力（Hajcak et al.，2010）。例如，徐等（Xu et al.，2020）研究了人类的捐赠行为和大脑活动是否受到不公平厌恶的影响。他们发现，被试更有可能拒绝不公平的捐赠提议，公平捐赠引发的 LPP 比不公平捐赠更积极（Hu et al.，2014；Xu et al.，2020）。不公平感减少了人们对第三方的慈善捐赠（Xu et al.，2020）。在本实验中，自愿捐赠允许被试通过按下"接受"和"拒绝"按钮来选择是否捐赠，因此，与强制行为相比，这是一个比较"温和"的情境。然而，在必须捐赠试次中，无论他们是否选择"确认"，捐赠都将发生。就像前面提到的 PR 理论，由于他们的自由受到了限制，他们可能会采取行动来恢复它。但是，在本书的必须捐赠情境下，他们的代理感可能会降低，从而进一步影响控制厌恶行为（Caspar et al.，2017；Caspar et al.，2018；Villa et al.，2021）。因此，被试可能更容易接受自愿捐赠的情境，并表现出更高水平的情绪唤醒。由此我们提出以下假设。

假设 2：与必须捐赠相比，自愿捐赠会表现出更强的情绪影响，激发出更大的 LPP 振幅。

综上所述，从 ERP 成分的视角，P2 和 LPP 可能反映信息加工和意愿的不同方面。基于 S－O－R 框架和 PR 理论，我们期望捐赠情境和捐赠数量对捐赠意愿的影响将反映在注意力资源分配（P2）和情绪唤醒（LPP）上。

第二节　实验材料与方法

一、被试选择

本书实验招募了 28 名志愿者（其中，男性 13 人，女性 15 人）作为被试者，他们均是来自宁波大学在校本科生和硕士生；他们的年龄在 19 ~ 24 岁，平均年龄为 21.46 岁（SD = 1.55）。所有被试的母语为中文，过去或现在均无神经或精神障碍。所有被试均为右利手（Oldfield，1971），视力或者矫正视力正常，色觉正常，无精神病史或者脑部疾病史。实验前所有被试都阅读了书面知情同意书并签了字。本书是根据赫尔辛基宣言（WMA，2009）和宁波大学神经经济与管理研究院的要求进行的。研究方案已由宁波大学神经经济与管理研究院批准。一名男性被试的数据被丢弃，因为在他的脑电图（EEG）记录中出现了过多的伪影。因此，有 27 名被试的数据是有效的，并作为本研究的分析数据。

二、实验材料

此次"捐赠决策实验"筹集的善款，将捐给中国青少年发展基金会（简称"青基会"，the China Youth Development Foundation，CYDF）。实验的指导语如下。

"课题组正在为中国青少年发展基金会（简称'青基会'）募集捐款。我们会给你 60 元人民币，用于捐款决策。在现实生活中，人们的大多数捐款是自愿的，但有时却需要必须捐款，例如个人在熟人生活圈里迫于人情压力之下的捐款，企业家在社会舆论、政府摊派之下的捐款，等等。因此，本实验设置了自愿捐款和必须捐款两种情境，请您作出相应决策。"

同时，向被试呈现中国青少年发展基金会的材料，让被试了解其使命和职责。中国青少年发展基金会是一个全国性的慈善机构，它通过资助服务、利益表达和社会倡导来帮助贫困青少年的成长和发展。中国青年发展基金可以通过互联网募捐。

本实验设置了两种情境，一种是必须捐赠，即个人在情感压力下的捐赠，或者企业家像纳税一样的捐赠；另一种是自愿捐款。为了直接比较这两种情况的效果，本实验采用了被试内设计，所有被试都要经历这两种情境。整个实验包含 50 种不同的刺激（2 种捐赠情境×25 种捐赠数量组合），所有刺激重复 4 次。因此，整个实验包括 200 个试次。一半的试次是必须捐赠；另一半的试次是自愿捐赠。

用这些组合来表示被试给慈善机构捐出的钱数和慈善机构收到的钱数，其中，慈善机构收到的捐赠额比被试捐出的金额多的有 10 个组合，慈善机构收到的捐赠额与被试捐出的数额相等的有 5 个组合，是慈善机构收到的捐赠额比被试捐出的数额少的有 10 个组合（见图 8.1）。本实验设计改编自哈博等（Harbaugh et al.，2007）的实验。根据他们的实验设计，有 6 种组合反映慈善机构收到的捐赠额比被试捐出的金额少的情况，有 4 种组合反映慈善机构收到的捐赠额与被试捐出的金额相等的情况，有 6 种组合反映慈善机构收到的捐赠额比被试捐出的金额多的情况。这样操作的主要目的是在"捐赠的数量"上提供足够的变化，以引发一系列的个人反应，并减少参与者的疲劳（Harbaugh et al.，2007）。

实验结束后，要求被试自我报告他们的独立性。我们设计了一个包含 7 个项目的独立量表，其中一些项目改编自卡特尔（Catell）16 人格因素测试（Catell et al.，1970）和主动性人格量表（Bateman and Crant，1993），例如，"就算别人反对，我也会坚持自己的想法""我喜欢独自筹划，不愿受别人干涉""我做事时，不喜欢别人强迫我"。所有的项目都按照 1~5 的等级进行打分：1 表示非常不同意，5 表示非常同意。我们用 Cronbach's

Subject −¥25 CYDF +¥5	Subject −¥25 CYDF +¥10	Subject −¥25 CYDF +¥15	Subject −¥25 CYDF +¥20	Subject −¥25 CYDF +¥25
Subject −¥20 CYDF +¥5	Subject −¥20 CYDF +¥10	Subject −¥20 CYDF +¥15	Subject −¥20 CYDF +¥20	Subject −¥20 CYDF +¥25
Subject −¥15 CYDF +¥5	Subject −¥15 CYDF +¥10	Subject −¥15 CYDF +¥15	Subject −¥15 CYDF +¥20	Subject −¥15 CYDF +¥25
Subject −¥10 CYDF +¥5	Subject −¥10 CYDF +¥10	Subject −¥10 CYDF +¥15	Subject −¥10 CYDF +¥20	Subject −¥10 CYDF +¥25
Subject −¥5 CYDF +¥5	Subject −¥5 CYDF +¥10	Subject −¥5 CYDF +¥15	Subject −¥5 CYDF +¥20	Subject −¥5 CYDF +¥25

被试（subject）捐出金额与青基会（CYDF）收到金额的数量组合

图 8.1　捐出与收到金额组合

资料来源：笔者自制。

α 系数来检验量表的内部一致性信度，用探索性因子分析（EFA）来检验量表的效度。结果表明，该问卷都是可信和有效的（见本章第三节 "三、问卷结果"）。

三、实验程序

被试在一个隔音的屏蔽室中接受实验，他们被要求坐在距离电脑控制的显示器 100 厘米远的地方，实验刺激将在显示器上进行展示。实验开始前，被试被要求浏览大约 5 分钟的中国青少年发展基金会的材料和实验说明。

实验前给被试 60 元，作为基础金，这与他们在实验任务中可能获得的最大限额相当。被试会被告知，他们在每个试次的决定将最终影响他们的最终报酬和捐赠给慈善机构的金钱数量。实验结束后，被试将随机选择一个必须捐款试次和一个自愿捐款试次。被试还被告知，他们参与的是一项真正的捐款，根据他们的决策确定的捐款金额将在被试面前通过青基会网站捐赠出去。在实验开始前，所有参与者都被问了一些问题，以确保他们理解实验。他们被鼓励作出自由选择，并被保证匿名。实验开始前，所有被试都通过一个小测试被问了一些问题，以确保他们真正理解了这个实验。而且他们也被告知，这是一个匿名实验，他们可以按照自己的决策自由选择。

研究人员为被试提供了一个键盘，让他们根据每种情境报告自己的捐赠意愿。每个试验的事件发生在图8.2所示的时间线上。首先，以固定的十字形与灰色背景开始，持续600～800ms后，接着出现400～600ms的空白屏幕。其次，屏幕上显示这个试次是必须捐款还是自愿捐款，持续1000ms；在空白屏幕再次出现400～600ms后，屏幕上会呈现被试捐出的金额和慈善机构收到的金额的组合，持续大约2000ms。再其次，屏幕再次出现空白，持续了400～600ms。最后，两个水平排列的标签被添加到屏幕的下部。对于必须捐款，一个标签写着"确认"（按"1"键），另一个标签写着"无效按键"（按"3"键）。被试在前面阅读实验说明时被告知，不管他们是否选择"确认"标签，捐款都会发生。对于自愿捐款，一个标签显示"接受"（按"1"键），另一个标签显示"拒绝"（按"3"键）。被试被要求在4000ms内用小键盘进行按键决策，否则下一轮就会自动进行。作出决策之后，为试次间隔期间，带有"＋"字的空白屏幕持续800～1000ms后，下一个轮次自动开始，如图8.2所示。

每个被试要做4轮上述50个试次的实验，每个轮次大约需要7分钟。实验结束后，被试还要填一个有关独立性的调查问卷。实验采用E-Prime 2.0（心理学软件工具，匹兹堡，PA，美国）呈现并记录刺激、记录触发器和反应数据。在整个实验过程中，被试被要求尽量减少眨眼、眼球运动和肌肉运动。正式实验开始之前，被试将进行6个轮次的练习实验，在被试真正熟悉实验的基本流程之后，实验正式开始。

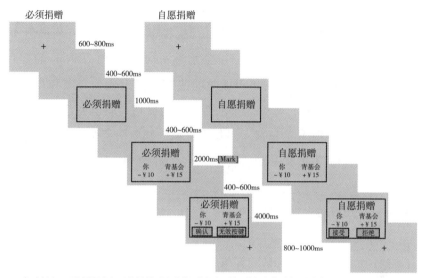

实验任务：要求被试在两种情境（必须捐赠和自愿捐赠）中作出捐赠决策。脑电记录被试的整个实验过程。

图 8.2　实验任务

资料来源：笔者自制。

四、脑电信号（EEG）记录与分析

本实验使用 Neuroscan 公司生产的脑电记录分析系统 Neuroscan Synamp 2 放大器（Curry 8，Neurosoft Labs，Inc.），用装有 64 个 Ag/AgCl 电极的脑电图帽连续记录每个任务序列的脑电信号（EEG）。采样频率为 500 Hz，频道数据记录频率为 0.01 ~ 100 Hz。当电极阻抗降低到 5 kΩ 以下时，实验才开始。接地点位于 FPz 和 Fz 连线中点处，参考电极置于左右乳突。另外，4 个电极记录眼电，包括双眼外侧 10 毫米处的 2 个电极记录水平眼电，以及左眼眶上、下侧 2 个电极记录垂直眼电。所有被试眨眼、肌电等伪迹数据使用泽姆利奇等（Semlitsch et al.，1986）提出的离线校正方法进行校正。

离线分析脑电数据时，以双侧乳突的平均电压值进行重新参考，对脑电图数据进行离线转换。脑电图记录用低通滤波器在 30Hz（24 dB/Octave）进行数字滤波。在 ERP 分析中，从视频监视器上的刺激开始前 200ms 到刺激开始后 800ms 的数据被分割为 epoch，以前 200 ms 的靶目标间隔为基线。刺激物为展示 2000ms 时间的被试捐出多少金额和青基会收到多少金额的电脑屏幕，实验排除包括放大器剪切、肌电图活动突发、或峰间偏转超过 ±100 μV 的试次。对每个被试，脑电图记录在每个记录点上的四个实验条件（必须—少、必须—多、自愿—少、自愿—多）的平均值。

根据目视观察和皮克顿等（Picton et al.，2000）提出的指导原则，我们选择了 230～270ms 的时间窗口对 P2 进行分析。将额中央区 AF3、AF4、F3、Fz、F4 5 个电极纳入统计分析。采用 2（捐赠情境：必须 vs. 自愿）×2（慈善机构收到的数量与捐出金额的比较：收到的少 vs. 收到的多）×5（电极点）方差分析用于 P2 分析。邦弗朗尼（Bonferroni）校正用于多重比较。我们应用 格林哈斯－盖塞尔（Greenhouse-Geisser）修正来确定显著性（Greenhouse and Geisser，1959），并且报告了偏 eta 平方值（η_p^2）来证明方差分析模型中的效应大小（Cohen，1988）。对 P2 振幅与问卷中被试独立性量表之间进行了斯皮尔曼（Spearman）相关分析。

从大平均波形的目测中，选择 580～800 ms 的时间窗口进行 LPP 分析（Solomon et al.，2012；Hua et al.，2014）。我们对 6 个电极（C3、Cz、C4、CP3、CPz、CP4）进行了统计分析。之后，对 LPP 分析进行了 2（捐赠情境：必须 vs. 自愿）×2（慈善机构收到的数量与捐出金额的比较：收到的少 vs. 收到的多）×6（电极点）方差分析。同样，Bonferroni 校正用于多重比较。我们应用 Greenhouse-Geisser 修正来确定显著性（Greenhouse and Geisser，1959），并且报告了偏 eta 平方值（η_p^2）来证明方差分析模型中的效应大小（Cohen，1988）。

第三节　实验结果

一、行为结果

我们分析了在不同捐赠情境下被试的捐赠意愿和反应时。由于被试被告知，在必须捐赠条件下，无论他们选择"确认"或"无效"按键，捐赠都会发生，因此，分析被试的必须捐赠决策是没有必要的。然而，在自愿捐赠条件下，被试则可以自由选择"接受"或"拒绝"，因此，我们通过分析被试选择"接受"或"拒绝"的次数来测量自愿捐赠意愿，行为结果如图 8.3（A）所示。对自愿捐赠条件下慈善机构收到的捐赠金额（少 vs. 多）两种情况进行成对 t 检验，其效应是显著的 $[t(1,26) = -12.947, p < 0.001]$。这一结果表明，在自愿捐赠条件下，当慈善机构收到的钱比被试自己捐出的钱多时（$M = 34.96, S.E. = 8.017$），被试的捐赠意愿高于慈善机构收到的钱比被试自己捐出的钱少时（$M = 9.19, S.E. = 10.012$）的捐赠意愿。

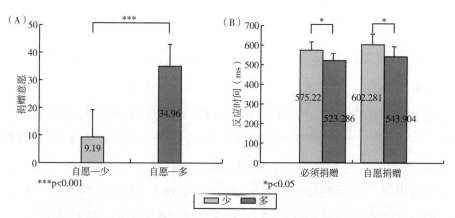

（A）自愿情境下被试的捐赠意愿。（B）四种情况［2种捐赠情境（必须 vs. 自愿）×2种捐赠数量（少 vs. 多）］被试的反应时。

图8.3　捐赠意愿和反应时间的行为结果

资料来源：笔者自制。

我们还对不同情况（conditions）下的反应时间（reaction time，RT）进行了分析，即对 2（捐赠情境：必须 vs. 自愿）×2（慈善机构收到的数量与捐出金额的比较：收到的少 vs. 收到的多）的反应时间进行了重复测量方差分析。同样，Bonferroni 校正用于多重比较。我们应用 Greenhouse-Geisser 修正来确定显著性（Greenhouse and Geisser，1959），并且报告了偏 eta 平方值（η_p^2）来证明方差分析模型中的效应大小（Cohen，1988）。结果显示，不同的捐赠金额存在显著的主效应［$F_{(1,26)} = 8.107$，$p = 0.008$，$\eta_p^2 = 0.238$］，这表明，与慈善机构收到的钱比被试捐出的钱更多时（M = 533.595ms，S. E. = 35.816）相比，当慈善机构收到的钱比被试捐出的钱更少（M = 588.251ms，S. E. = 46.379）时被试用的时间更长［见图 8.3（B）］。但是，捐赠情境（必须 vs. 自愿）的 RT 差异并不显著［$F_{(1,26)} = 1.002$，$p = 0.326$，$\eta_p^2 = 0.037$］，捐赠情境与捐赠金额的交互效应也不显著［$F_{(1,26)} = 0.058$，$p = 0.812$，$\eta_p^2 = 0.002$］。

二、ERP 结果

（一）P2 成分分析

如图 8.4（A）所示，我们对 2 个捐赠情境（必须捐赠 vs. 自愿捐赠）×2 种慈善机构收到的数量情况（收到的金额比被试捐出的少 vs. 收到的多）×5 个电极点（AF3、AF4、F3、Fz、F4）的 P2 振幅进行多因素重复测量方差分析。结果表明，捐赠情境与慈善机构收到的捐赠金额对慈善捐赠决策有显著的交互作用［$F_{(1,26)} = 7.186$，$p = 0.013$，$\eta_p^2 = 0.217$］。与 Bonferroni 校正的事后比较表明，当慈善机构收到的钱较少时，自愿捐赠（M = 1.695μV，S. E. = 0.615）比必须捐赠（M = 0.655μV，S. E. = 0.644）诱发了更大的 P2 振幅（p = 0.015，差异的 95% 置信区间 CI = 0.222 ~ 1.860）。然而，当慈善机构收到更多的钱时，这种差异并不显著（p = 0.928）。此外，电极变量对慈善捐赠的影响存在显著的主效应［$F_{(4,104)} = 13.714$，$p = 0.000$，$\eta_p^2 = 0.345$］，但是我们没有发现捐赠情境对捐赠决策存在显著的主效应 $[F_{(1,26)} = 2.065, p = 0.163, \eta_p^2 = 0.074]$ 或捐赠的主要影响量 $[F_{(1,26)} = 0.044, p = 0.835, \eta_p^2 = 0.002]$。而且，捐赠情境和电极之间的交互效应不显著 $[F_{(4,104)} = 2.091, p = 0.142, \eta_p^2 = 0.074]$，捐赠数量和电极之间 $[F_{(4,104)} = 0.820, p = 0.472, \eta_p^2 = 0.031]$、捐赠情境、捐赠数量和电极之间的交互效应也不显著 $[F_{(4,104)} = 1.267, p = 0.291, \eta_p^2 = 0.046]$。

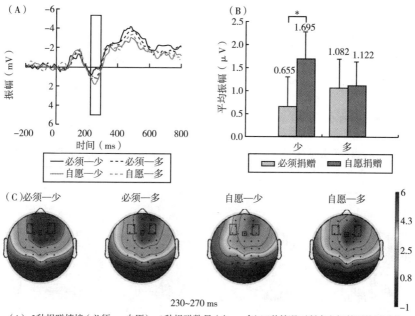

（A）2种捐赠情境（必须 vs. 自愿）×2种捐赠数量（少 vs. 多）四种情况下所有电极的平均活动的P2振幅比较。（B）四种情况下P2的平均振幅。（C）在230~270 ms P2时间窗口上四种情况的脑地形图及对比。*p<0.05。

图8.4　所有电极点平均活动的 P2 大平均 ERP 波形、

P2 的平均振幅及其相关脑地形

资料来源：笔者自制。

我们选取了所有电极（即 AF3、AF4、F3、Fz、F4）的平均值，并在图 8.4（A）中展示了不同捐赠情境和慈善机构收到的不同金额情况下它们的神经动态活动。图 8.4（B）显示了四种情况下 P2 的平均值。同时，图 8.4（C）展示了它们的脑地形，显示了四种情况在额中央区域的交互差异。

（二）LPP 成分分析

图 8.5（A）展示了 2 个捐赠情境（必须捐赠 vs. 自愿捐赠）×2 种慈善机构收到的数量情况（收到的金额比被试捐出的少 vs. 收到的多）×6 个电极点（C3、Cz、C4、CP3、CPz、CP4）的 LPP 振幅的重复测量方差结果。结果表明，捐赠情境对捐赠决策的影响存在显著的主效应[$F_{(1, 26)} = 5.751$，

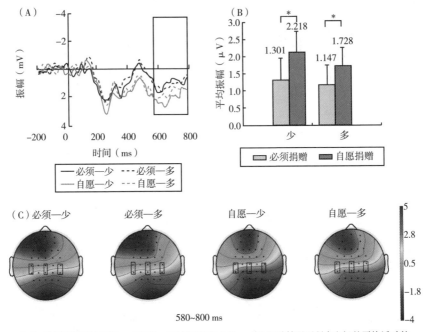

（A）2种捐赠情境（必须 vs. 自愿）×2种捐赠数量（少 vs. 多）四种情况下所有电极的平均活动的 LPP振幅比较。（B）四种情况下LPP的平均振幅。（C）在580~800 ms LPP时间窗口上四种情况的脑地形图及对比。$^*p < 0.05$。

**图 8.5　所有电极点平均活动的 LPP 的大平均 ERP 波形、
LPP 的平均振幅及其相关脑地形**

资料来源：笔者自制。

$p = 0.024$，$\eta_p^2 = 0.181$]，与自愿捐赠（$M = 1.928 \mu V$，S.E. $= 0.497$）相比，必须捐赠下会激发更小的 LPP 振幅（$M = 1.234 \mu V$，S.E. $= 0.568$）。我们还观察到，各电极之间存在显著的主效应[$F_{(5, 130)} = 25.826$，$p = 0.000$，$\eta_p^2 = 0.498$]。然而，我们没有发现捐赠数量对捐赠决策的影响存在显著差异[$F_{(1, 26)} = $

0. 601, p = 0. 445, η_p^2 = 0. 023]。此外，捐赠情境和捐赠数量之间对捐赠决策的交互影响不显著 [$F_{(1,26)}$ = 0. 162, p = 0. 691, η_p^2 = 0. 006)，捐赠情境和电极之间 [$F_{(5,130)}$ = 0. 625, p = 0. 599, η_p^2 = 0. 023] 以及捐赠数量和电极之间 [$F_{(5,130)}$ = 0. 894, p = 0. 449, η_p^2 = 0. 033] 的交互效应也不显著。而且捐赠情境、捐赠数量和电极之间对捐赠决策的交互作用也不存在显著效应 [$F_{(5,130)}$ = 0. 334, p = 0. 779, η_p^2 = 0. 013]。

我们选取了所有电极点（即 C3、Cz、C4、CP3、CPz、CP4）的平均值，并在图 8.5（A）中展示了不同捐赠条件下的神经动态活动。LPP 四种情况的平均值如图 8.5（B）所示。同时，图 8.5（C）展示了脑地形，它展示了四种情况在中央到顶叶区域的主要差别。

三、问卷结果

在分析前，我们使用克伦巴赫的 α（Cronbach's α）系数来检验问卷中独立量表的内部一致性信度。结果表明，α 系数为 0. 662。海尔等（Hair et al., 1998）认为，Cronbach's α 系数大于 0，说明该量表更可靠。在探索性研究中，系数可以小于 0. 7，但应大于 0. 6。本书问卷的 Cronbach's α 独立系数大于 0. 6，说明该独立量表是可靠的。此外，我们采用探索性因素分析（exploratory factor analysis, EFA）来检验量表的效度。结果显示，抽样适度测定值（KMO）为 0. 628，Bartlett 球形度检验显著（p = 0. 000）。有研究表明，只有 KMO 值在 0. 60 以上才能应用 EFA（Kaiser, 1970；Dziuban and Shirkey, 1974），所以本独立量表是有效的。

我们对四种情况下的 ERP 成分和独立性问卷进行了 Spearman 相关分析。在必须捐赠的条件下，当慈善机构收到的钱比被试捐出的钱多或少时，P2 的平均振幅与独立性均值之间存在显著的负相关（见图 8.6）。然而，在自愿捐赠的条件下，当慈善机构收到的钱比被试捐出的钱多或少时，P2 的平均振幅与独立性均值没有显著相关，如表 8.1 所示。

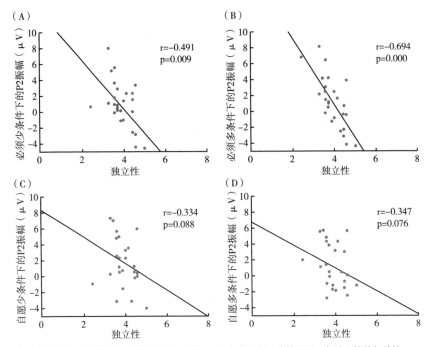

（A）在必须—少情况下P2与独立性的相关性。（B）在必须—多情况下P2与独立性的相关性。
（C）在自愿—少情况下P2与独立性的相关性。（D）在自愿—多情况下P2与独立性的相关性。

图8.6　四种条件下 P2 振幅与独立性的相关性

资料来源：笔者自制。

表8.1　　　　　　　　　　　　相关性结果

TABLE 1 | Correlation results.

	P2 – 必须捐赠		P2 – 自愿捐赠	
	少	多	少	多
独立性	r = -0.491 **	r = -0.694 **	r = -0.334	r = -0.347
	p = 0.009	p = 0.000	p = 0.088	p = 0.076

注：四种条件下的 P2 振幅与独立性之间的相关结果。** $p < 0.01$。

资料来源：笔者自制。

第四节　讨论

本书通过检验相关的神经基础，着重探讨了捐赠情境和捐赠数量下是否会影响个体的捐赠决策。行为上，捐赠意愿结果表明，在自愿情境下，与慈善机构收到的比被试捐出的更少的钱相比，当慈善机构收到更多的钱时，被试的捐赠意愿更高，这支持了现有的研究结果，即当慈善机构收到更多的钱时，人们更愿意去捐赠（Harbaugh et al.，2007）。此外，决策反应时的行为结果表明，无论必须捐赠还是自愿捐赠，当慈善机构收到更多的钱时，被试的反应时间都比收到更少的钱时更快。以往的研究表明，任务完成时间（即反应时）与任务难度和认知负荷呈正相关（Wang et al.，2015；Jin et al.，2017）。因此，反应时间的差异可能表明，当慈善机构收到的钱较少（少的水平）时，被试需要额外的认知努力。因此，当慈善机构收到较少的钱时，他们可能会花更多的时间来决定是否捐赠。这一结果与捐赠意愿的结果是一致的。

基于 S－O－R 理论，我们发现，对于脑电层面上 P2 振幅，捐赠情境与捐赠数量存在显著的交互作用。这一结果表明，当慈善机构收到较少的钱时，在自愿捐赠条件下所做的决策诱发了比必须捐赠下更大的 P2 振幅。正如引言中所述，一般认为，P2 成分反映了早期的情绪加工过程（Zhan et al.，2018）。此外，更大的 P2 振幅可以反映注意力资源对负性刺激的自动调节（Carretié et al.，2001；Huang and Luo，2006；Wang et al.，2012；Jin et al.，2017）。因此，本书研究的结果表明，慈善机构在自愿捐赠条件下收到的钱较少，对被试是一个负性刺激，导致更大的注意力分配和情绪唤起。这可以解释为被试更关注与成本相关的捐赠信息（Gasiorowska and Helka，2012；Li et al.，2021），他们期望在自愿捐赠条件下获得的收益等于或超过成本。在自愿捐赠条件下，当慈善机构收到更多的钱时，被试对捐赠金额感到满意，并明确地伴随着较弱的负性情绪体验（Sarlo et al.，2012；Pletti et al.，2015）。然而，当慈善机构收到的钱比他们捐出的钱少时，他们会因为超出预期的结果而不愿意接受这个金额数量，从而引起较强烈的负性情绪体验（Zhan et al.，2018）。我们的行为结果也表明，在自愿捐赠的情况下当慈善机构收到较少的钱时，被试的捐赠意愿较低。这些结果与萨洛等（Sarlo et al.，2012）和普莱蒂等（Pletti et al.，2015）报告的结果是一致的。更重要的是，现有研究表明，情绪并不总是有利于道德行为（Panasiti and Ponsi，

2017；Zhan et al.，2018），例如，愤怒会增强不道德行为（Colasante et al.，2016）。我们的行为结果表明，在自愿捐赠的情况下，当慈善机构收到较少的钱时，被试的捐赠意愿较低。这可能是因为他们对慈善机构收到的钱的数量不满意，从而引发了强烈的情绪，即更多的不愉快会使被试作出更少的利他决策（Sarlo et al.，2012；Zhan et al.，2018）。因此，道德内容与不连续的情感之间存在着不一致（Cameron et al.，2015）。此外，道德行为更强的被试可能倾向于向慈善机构捐赠更少的钱（Rahwan et al.，2018），例如，道德认同会减少捐赠（Lee et al.，2014）。在必须捐赠条件下，要求被试无论是否选择"确认"按钮，捐款都会发生，这限制了他们的选择自由。根据PR理论，被试会被激起控制厌恶行为，以恢复受到威胁的自由。然而，在本书研究的必须捐赠情况下，被试不可能恢复被消除的自由，或者进行控制厌恶行为是毫无意义的，因而他们会降低自己的代理感（Caspar et al.，2016）。如果人意识到恢复自由是不可能的，反抗动机就会变得低（Miron and Brehm，2006）。因此，被试就可能对自己的捐赠结果关注较少。另外，我们还发现必须捐赠情境中的 P2 振幅与被试的独立人格呈负相关，说明被试的独立性越强，P2 振幅就越低，消极情绪表现得越弱。被试不太关注慈善机构收到了多少钱，因为他们不喜欢被强迫捐赠（即必须捐赠），所以他们没有将更多的注意力资源分配到必须捐赠的负面刺激上。

我们还观察到，自愿条件下的捐赠决策比必须捐赠下的捐赠决策诱发了更大的 LPP 振幅。一般认为，LPP 成分与几个心理加工过程有关，包括注意力资源分配（Hajcak et al.，2010）和情绪唤醒（Cuthbert，2000）。在这里，我们认为，由自愿捐赠诱发的更大的 LPP 成分反映了比必须捐赠更高的情绪唤醒。由于人们更倾向于根据自己的意愿自由选择，被试可能会更愿意自愿地向慈善机构捐款，这样才是公平合理的，因而会表现出更高的情绪唤醒，从而反映出更大的 LPP 幅值。根据 PR 理论，在减少了被试选择捐赠自由的必须捐赠情况下，被试可能会恢复他们被限制的选择自由。我们的实验设计中，在必须捐赠条件下被试只能选择"确认"。因此，实现预期目标的不可能性降低了他们的代理感，使他们放弃控制厌恶行为（Miron and Brehm，

2006；Caspar et al.，2016），反映了较低的情绪唤醒。而自愿捐赠条件下，由于情绪唤醒较高，被试的捐赠意愿就会越强。

虽然 P2 和 LPP 都表现出对情绪刺激的敏感性（Olofsson et al.，2008），但它们的认知意义是不同的。P2 是反映早期情绪唤醒加工的注意力相关成分（Carretié et al.，2001；Junghöfer et al.，2001；Schupp et al.，2007；Wang et al.，2012）。LPP 是一个较晚期的成分，反映了更持久的情绪加工过程（Hajcak et al.，2010；Schmitz et al.，2012；Solomon et al.，2012；Dickey et al.，2021）。因此，P2 和 LPP 反映的是不同认知阶段的情绪加工。本书研究结果表明，在情绪加工的早期阶段（P2），捐赠情境与慈善机构收到的金额数量显著交互，因而存在交互作用。而在情绪加工的后期阶段（LPP），捐赠情境具有显著的主效应，捐赠情境与捐赠金额的交互效应却不显著。目前关于情绪调节发展变化的 ERP 研究还比较有限，这为未来的研究指明了一个重要的方向（Dickey et al.，2021）。

本书研究具有以下研究意义。首先，从个体心理机制的角度，我们探讨了捐赠数量和捐赠情境对捐赠决策的交互作用。更为重要的是，我们发现，当慈善机构收到的金额比被试捐出的金额较少的情况下，必须捐赠情境下的 P2 振幅比自愿捐赠情境下的更小，但自愿捐赠下引发的 LPP 振幅却比必须捐赠下引发的更大。这一结果为提高人们的自愿捐赠意愿提供了一个视角。其次，应用 ERP 技术检验了 S - O - R 理论的效应，这为个体对捐赠情境的注意力资源和情绪机制提供了神经心理学的证据。它有助于研究人员更好地理解捐赠决策过程，揭示其潜在的神经和心理机制（Camerer and Yoon，2015；Shen et al.，2018）。此外，本书对慈善组织也有实际指导意义。我们的行为研究结果表明，在自愿捐赠条件下，当慈善机构收到更多的钱时，被试有更高的捐赠意愿。而且，ERP 结果显示，当慈善机构收到更少的钱时，在自愿捐赠条件下作出的捐赠决策诱发了更大的 P2 振幅，从而引发了较强的负性情绪。这表明，被试更喜欢看到慈善机构能够收到更多的钱。另外，我们还发现，自愿捐赠（与必须捐赠相比）会导致更高的情绪唤醒。综上所述，无论是从行为结果，还是从捐赠决策的神经反应来看，自愿捐赠都是最受欢迎的，因而会激发人们捐赠更多的钱。因此，慈善组织者应该引导人们自愿地进行捐赠，而不应该采取强迫的形式。

本书也存在一些局限性。首先，本书没有讨论性别差异。现有研究的行为证据表明，女性对捐赠的价格敏感度更高（Andreoni and Vesterlund，2001；Andreoni and Miller，2002）。女性比男性更有可能向慈善组织捐款（Visser and Roelofs，2011；Willer et al.，2015；Van Rijn et al.，2019）。因此，在未来的研究中，测量女性被试的慈善行为，并将其神经活动与男性被试进行比较，将是很有价值的。其次，未来研究还需进一步探讨个体差异在行为/ERP 调节中的潜在作用。虽然以往对亲社会/利他行为的大量研究都是从群体层面的视角进行的（Wittek and Bekkers，2015；Kawamura and Kusumi，2018；Lee et al.，2021），但个体差异仍值得进一步探索，这有助于理解亲社会/利他行为的个体异质性。最后，本书的相关性分析的样本量相对较小。虽然本书的样本量是充足的（27 名被试的 2×2 重复测量方差分析的效应量可用 G×幂计算为 0.95），但更大的样本量将会进一步改善本书研究结果的稳健性，从而进一步有效验证本书的研究结果。

第五节 结论

综上所述，本书采用 ERP 方法，为捐赠数量和捐赠情境对个体捐赠决策的交互作用提供了电生理证据，同时，在 S - O - R 框架和 PR 理论下考察了上述相应的心理过程。在快速自动情绪加工的早期阶段（P2 振幅），我们发现，捐赠情境和慈善机构收到的金额之间相互作用，对捐赠决策产生显著影响。特别是当慈善机构收到更少的钱时，与必须捐赠情境相比，自愿捐赠时分配了更多的注意力资源，并产生了更大的情绪冲突（更大的 P2 振幅）。在情绪加工后期，与必须捐赠相比，自愿捐赠对捐赠的情景有更好的感觉，并诱发了更高的情绪唤醒水平（更大的 LPP 振幅）。本书研究对研究人员和慈善组织者更好地理解人们的自愿捐赠意愿有重要意义。

| 第九章 |

中国家族企业社会责任投资策略：案例研究

　　说起中国家族企业的社会责任，曹德旺的名字不容忽略。这位被称为"中国首善"的民营企业家，从 1983 年第一次捐款，到 2020 年，个人累计捐款已达 110 亿元。与此同时，他的企业也越做越大。福耀玻璃集团创立于 1987 年，是当今中国首屈一指、全球第二的汽车玻璃供应商。2009 年 5 月，曹德旺成为中国第一位获得有企业界奥斯卡之称的"安永全球企业家大奖"。2018～2021 年，他又陆续入选"世界最具影响力十大华商人物"和中央统战部全国工商联《改革开放 40 年百名杰出民营企业家名单》、当年中国经济新闻人物和"中国捐赠百杰榜"课题组发布的十年致敬人物。

　　与此同时，他又体现出精明的商业头脑和卓越的企业经营能力，极其重视企业经营成本的降低和经营效益的提高，重视不断提升企业价值，为股东和企业所有人赚得更多的利润。2016 年 12 月，曹德旺因在美国莫瑞恩建造汽车玻璃厂而被"刷屏"，网络上关于其"逃跑"的舆论劈天盖地。曹德旺进行了反驳，"我是中国人，我事业的重心一定在中国"。

　　福耀集团和曹德旺的经历，是中国家族企业履行社会责任、促进企业价值不断提升的成功范例。无论是推进法人治理结构、完善现代管理、维护投资人和客户利益，还是重视员工工资福利待遇、培训提升和营造人性化工作生活环境，无论是回报社会济危扶难时的慷慨大方倾囊相助，还是呼吁降低税负和企业成本时的拍案而起直言不讳，都体现了一个杰出的中国民营企业家的大爱情怀、宽广胸怀和卓越的企业家精神。自从开始本书研究以来，笔者一直关注福耀集团和曹德旺。因而案例分析，也以其为例。

第一节　福耀集团企业社会责任投资与企业价值状况

一、企业简介*

福耀玻璃工业集团股份有限公司，前身为福建省耀华玻璃工业有限公司，成立于1987年，1991年6月，经福建省经济体制改革委员会和福建省对外经济贸易委员会批准，改制为中外合资股份有限公司。1993年6月，公司在上海证券交易所挂牌交易，成为中国汽车玻璃行业第一家上市公司，股票简称：福耀玻璃。2015年3月，公司在香港联交所主板挂牌并上市交易，成为一家专注于汽车安全玻璃的大型跨国集团，形成兼跨境内外两大资本平台的"A + H"模式。公司主营业务是为各类交通运输工具提供安全玻璃全解决方案，包括汽车级浮法玻璃、汽车玻璃以及机车玻璃相关的设计、生产、销售及服务。公司遵循技术领先和快速反应的品牌发展战略，与客户一道同步设计、制造、服务，为客户创造价值。

经过30余年的发展，福耀集团已在中国16个省份以及美国、俄罗斯、德国、日本、韩国等11个国家和地区建立现代化生产基地和商务机构，并在中美德设立6个设计中心，全球雇员约2.7万人。福耀集团产品得到全球知名汽车制造企业及主要汽车厂商的认证和选用，包括宾利、奔驰、宝马、奥迪、通用、丰田、大众、福特、克莱斯勒等，为其提供全球OEM配套服务和汽车玻璃全套解决方案，并被各大汽车制造企业评为"全球优秀供应商"。集团秉承"资源节约、环境友好"理念，高度重视技术创新、工艺创新和环保设施投入。截至2019年12月31日，福耀集团有研发人员4000人

---

　　* 资料来源：福耀集团官网。

左右，拥有"国家认定企业技术中心""国家技术创新示范企业"和国家级"玻璃工程研究院"等技术研发平台，汽车玻璃及玻璃原片制造在材料、工艺、技术、设备、节能环保和功能化等各方面，均达到国内一流水平，部分工艺处于国际领先水平。

多年来，福耀集团以"勤劳、朴实、学习、创新"为核心价值观，从"为中国人做一片汽车玻璃"，到"树立汽车玻璃供应商的典范"，再到"福耀全球"，福耀集团重视现代企业管理制度建设，不断完善企业的法人治理结构，重视技术研发投入和人才引进与培养，坚持用最好的产品和最有的服务赢得客户与市场，坚持用诚信和诚心与上下游供应商建立持久的合作关系，坚持用丰厚的税费回报国家和政府，坚持用富有竞争力的工资福利待遇和完善的保障凝聚员工，福耀集团获得了长期的竞争优势和可持续发展，成为一家让客户、股东、员工、供应商、政府、经销商、社会长期信赖的企业。在几十年的经营中，福耀集团和曹德旺开展大量回报社会的慈善活动，引起了强烈的社会影响，福耀集团以及曹德旺本人和家族赢得了广泛的社会赞誉。

二、福耀集团的企业社会责任状况

福耀集团的社会责任履行包括股东、债权人、客户、政府、员工、供应商、社会弱势群体、环境、社区等，几乎涵盖了所有可能涉及的利益相关者。作为同行业第一家也是具有重要社会影响的上市公司，福耀集团定期发布社会责任报告。根据收集的公司2010～2019年社会责任报告（见表9.1），整理归纳其社会责任活动，本书对其理念、目的及成效进行描述。

表9.1　　　　福耀集团2011～2019年社会责任投资与
企业价值主要数据一览　　　　　　　　单位：亿元

年度	总资产	营收	利润总额	上缴利润	每股收益	上缴税费	员工工资总额	债权人利息	每股社会贡献值
2011	122.12	96.89	17.72	15.13	0.76	10	9.51	1.55	1.81
2012	130.41	102.47	18.63	15.25	0.76	11.53	11.72	1.97	2.03

续表

年度	总资产	营收	利润总额	上缴利润	每股收益	上缴税费	员工工资总额	债权人利息	每股社会贡献值
2013	145.87	115.01	23.79	19.18	0.96	14.47	14.35	2.09	2.51
2014	168.76	129.28	26.39	22.20	1.11	15.70	16.61	2.46	2.84
2015	248.27	135.73	30.43	26.05	1.10	17.16	19.75	2.37	2.75
2016	298.66	166.21	39.20	31.44	1.25	21.03	28.71	2.04	3.32
2017	317.04	187.16	36.80	31.49	1.26	25.20	33.74	2.29	3.70
2018	344.90	202.25	49.62	41.20	1.64	23.51	38.36	4.06	4.27
2019	388.26	211.04	32.31	28.98	1.16	22.14	44.73	4.29	3.99

资料来源：根据 2011~2019 年福耀集团企业社会责任报告整理而成。

（一）对股东和债权人的社会责任情况

福耀集团建立完善的法人治理结构，按要求召集、召开股东大会。公司与控股股东在人员资产、财务、机构和业务严格做到了"五分开"，独立核算，独立承担责任和风险。建立防止控股股东占用上市公司资产、侵害上市公司利益的长效机制，在《公司章程》中明确了"占用即冻结"的相关条款。公司的董事局、监事会和内部机构均独立运作，严格遵守相关规定，认真履行所负职责。为确保所有股东公平地了解公司的各项信息，集团严格按规定真实、准确、完整、及时地披露信息相关信息。集团构建了符合国际标准和监管要求的内部控制体系，董事局至少每年 1 次检查内控体系效用。自 1993 年 6 月上市至 2019 年的 26 年时间，累计已向投资者派发现金红利 1553335 万元，股票股利 140559 万元，现金分红占累计至 2018 年度实现的归属于上市公司股东的净利润 2671422 万元的 58.15%。自 1993 年上市以来至 2019 年度，累计发放的 A 股股息 152.20 亿元，是国内 A 股募集资金 6.96 亿元的 21.87 倍；2015~2019 年累计发放的 H 股股息 17.19 亿元，是 2015 年境外 H 股募集资金折人民币 67.26 亿元的 0.26 倍；至 2019 年度 A+H 累计分红 169.39 亿元，是 A+H 总募资 74.22 亿元的 2.28 倍，真正实现分红大于募集资金。① 重视债权人合法权益的保护，在日常经营活动中严格按照与债权人签订的合同履行债务，重合同、守信用，及时通报与其相关的重大信息，与金融机构建立了良好的合作关系，实现股东利益与债权人利益的双赢。重视反腐倡廉，建立健全内部管控体系，并切实执行以预防贪污和欺诈，预防和控制发生舞弊和不道德行为，防止代表福耀集团办理业务的管理人员、商务人员、技术人员及代表等以直接或间接的方式获取任何不正当利益，侵害公司及公司股东的合法利益。从 2010～2019 年的企业社会责任报告中可以看出，10 年间，集团的总资产、营业收入、上缴利润、每股收益、债权人收益持续处于上升趋势，为企业所有人（股东）和债权人赢得了巨大的利益，使企业的本质责任得到了充分的彰显，企业自身价值不断得到提升。

（二）对供应商、客户和消费者的社会责任

福耀集团作为全球最大汽车玻璃专业供应商，以"打造卓越的福耀供应链创造和实现价值"为愿景，构建了高效、节能、安全和健康的供应链管理体系，并通过平等协作、诚信、长期共赢，与供应商建立了稳固、可持续的互惠互利的合作伙伴关系。这不仅促进了各地相关产业的稳定发展，也成为福耀集团永葆市场竞争力的关键秘诀之一。公司还通过不同的渠道和方式向供应商传递环境及社会风险政策，向供应商传递"应当承担社会责任，严格执行有关法律保护的重要性，防止污染与破坏环境，保障人与自然的和谐发展"的治理理念。

福耀集团高度重视客户利益和需要，得到客户广泛认可。公司连续 32 年零违规，各级政府监督抽查合格率为 100%。产品已获得中国 CCC、美国、欧洲、日本、韩国、澳大利亚、俄罗斯和中国台湾地区等多个国家及地区的认证，同时得到全球顶级汽车制造企业及主要厂商的认证和选用，并多次获得各汽车厂商的供应商奖项，包括通用公司的"杰出质量奖"、福特"全球优秀供应商金奖"、本田"优良感谢奖"等殊荣。公司相继引入 IATF16949、

---

① 资料来源：福耀集团 2018 年度、2019 年度社会责任报告。

ISO14001、ISO45001 体系标准，融合中国、欧洲、美国、日本、韩国等客户标准，形成高于各国家及行业标准的福耀内控体系标准和产品技术标准，确保为客户持续提供安全、高质量的产品和服务。重视消费者权益保护，建立完善的售后服务、质量信息反馈工作流程和客户投诉管理框架，以提高客户满意度。开通质量专用邮箱，接受消费者和客户反馈和投诉。遍及世界的销售服务网络，能够保障在 24 小时内积极回应消费者和客户呼声。10 年中，集团营收得以快速提升，这可以说是企业得到市场客户和供应商认可的数量明证。

（三）对职工的社会责任

经过 30 多年的发展壮大，福耀集团在海内外的员工达 26000 多人，为社会提供了大量的就业机会。集团致力于建设"以人为本"的企业管理文化，建立健全劳动保障制度，构建和谐劳工关系。按照劳动法规定，与员工及时签订《劳动合同》；以公平、竞争、激励、经济和合法为原则，建立了以月度固定薪酬与年度绩效考核相结合的薪酬制度。福耀集团员工薪酬主要由工资、奖金、津贴和补贴等项目构成，依据公司业绩、员工业绩、服务年限和工作态度等动态适时调整工资。同时，公司按时足额地为员工办理"五险一金"基本统筹保险保障，外加伙食补贴、工作餐、高温津贴和中夜班津贴等补助津贴。10 年来，企业用于员工工资的开支持续增加，增长幅度超过了企业利润和上缴税费的增长幅度。切实执行国家工时制度，有计划地安排员工的生产和休息。福耀集团尊重工人自由结社和集体谈判的权利，充分发挥公司工会的作用，建立健全职工代表大会制度、职工代表大会代表提案制度等，切实保障员工民主决策、民主管理和民主监督的权利。集团重视员工凝聚力和归属感的培养，努力为员工提供"宜学习、宜工作、宜生活、宜发展"的四宜环境；定期安排员工体检，提供带薪年假、伙食补贴、高温补贴等；为员工提供良好的住宿条件，员工宿舍配备了空调、生活区配备员工食堂等；公司组织包括足球协会、篮球协会、乒乓球协会、羽毛球协会、户外徒步协会等各类型群众性社团，丰富了员工业余活动，生活区建有篮球场、网球场、羽毛球场、乒乓球室、棋牌室、健身房、藏书数十万册的图书馆及电子阅览室；与当地政府部门沟通，协助解决员工子女就学问题；2013 年起成立爱心基金，搭建了爱心平台，帮助因突发事件导致家庭遭遇特大经济困难的员工渡过难关；高度重视安全生产，高度重视保障员工职业健康与安全，根据子公司的规模不同，设置安全生产管理机构或配备专职安全员，落实新员工三级教育培训，以便员工在上岗前受到必要的安全教育；强调职业病防护，保护职工身体健康。

集团视人力资源为企业第一资源，制定了完善的员工教育和培训管理办法，加大培训力度，促进员工发展。公司提出打造"高质量全球化"的战略，强调技术领先和持续改进，制订人才队伍建设规划，加速建立学习型组织，用知识驱动公司的进步和发展，成为中国工业 4.0 的典范。集团为员工提供持续且有针对性的教育培训，并致力于不断提高各级员工的素质及能力，为员工提供外派培训和自我进修等机会，以鼓励更多的员工参与培训。集团鼓励人才跨子公司交流，促进公司内部知识、技能和经验的传承，培养全面综合的人才，为公司的长效可持续发展服务。

（四）对政府、环境和社区的社会责任

十年来，福耀集团上缴国家的税费增长幅度，超过了利润上涨幅度。同时，曹德旺本人一直积极向政府建言献策，努力为企业发展争得更有力、更公平的发展空间，促进中国企业核心竞争力的不断提升。集团秉承企业效益和环境保护并重的社会理念，努力构建资源节约型、环境友好型的和谐企业，坚持"宣传环保、符合法规、清洁生产、持续改善"的环境保护方针和"打造资源节约型、环境友好型企业"的环保理念，将节能减排工作贯穿于生产的始终。集团按照国家环境保护法律法规和技术要求，建立了 ISO14001 环境管理体系。为加强管理，在总裁办下设置了 EHS（环境、健康与安全）部门，子公司建立 EHS 管理体系，各子公司的下属部门/工厂设立环保安全专员。集团严格执行环评和环保制度，落实环保投入资金，监控环保设施的正常稳定运行，确保完成政府下达的主要污染物的减排目标。集团各子公司按照环保部相关要求，根据生产工艺、产污环节及环境风险，制定了相应的《突发环境事件应急预案》，设置应急设施，储备足够数量的应急物资，定期做好应急演练，有效防范突发环境事件的发生，降低环境风险。

福耀集团以"发展自我、兼善天下"为企业核心理念，在为股东创造价值、为客户创造财富的同时，积极关注弱势群体和困难群众生活，投身公益事业。自 1983 年起，曹德旺不间断地向社会捐赠，帮助了难以计数的灾民、贫困家庭，以及培养了众多的贫困大学生完成学业，走入社会；同时，他还是慈善法治进程的推动者。2010 年西南五省大旱之际，他向 10 万个受灾家庭捐款 2 亿元，并与善款发放机构签订"捐款问责"协议，进行独立监督，保障善款精准到位，此举为中国慈善事业发展开创了全新模式。2011 年，曹德旺捐出名下 3 亿只福耀玻璃股票，发起成立的河仁慈善基金会，开创了中国基金会资金注入方式、造血方式、运作模式和管理规则等多个"第一"。2016 年，中国《慈善法》颁布，"股权捐赠"和"赔偿责任"被写入条例。截至目前，福耀集团和董事长曹德旺先生累计捐赠约 120 亿元，范围涉及救灾、扶贫、助困、教育、文化等各方面。他在担任第十二届全国政协委员期间，为国家综合竞争力的提升，积极建言献策，在湿地保护、粮食安全、税收制度、小微企业生存等问题上，受到了党和国家以及全社会的广泛关注和高度好评，为中国更好更快的发展毫无保留地贡献了自己的力量。继两获"中国首善"，六获"中华慈善奖"后，2019 年 10 月，曹德旺先生又荣获国务院扶贫开发领导小组颁发的"全国脱贫攻坚奉献奖"，旨在表彰他在打赢脱贫攻坚战中作出的突出贡献。

三、福耀集团的企业价值状况

根据田虹（2012）对企业价值的定义，企业价值是企业在对内部资源进行组合的基础上表现出来的盈利能力、生产能力与生产效率、成长和发展能力的综合。我们认为，企业价值一方面体现为企业对自身及股东、客户、供应商的价值，即企业的核心竞争力和盈利能力，这是企业不断实现自身发展的内在基础；另一方面又体现为企业对员工、政府、环境、社区、社会公众的价值，即企业的社会贡献和社会声望，这是企业得以持久发展的外部条件，也是民营企业或家族企业成员特别是领导者社会声誉和人生价值的重要体现，是中国家族企业的企业价值的重要方面。

就第一方面的价值既企业的核心竞争力和盈利能力来看，从 2010~2019 年的企业总资产、企业营收、企业利润、每股股息的持续增长可以看出，福耀集团的企业核心竞争力和盈利能力一直处于增长提升中。总资产达到 388 亿元，产品销售 70 多个国家，市场占有率达到 25%，成为中国第一、世界第二的企业玻璃供应商。福耀集团多年蝉联《财富》中国 500 强、中国民营企业 500 强，多次获得"中国最佳企业公民""中国十佳上市公司"。福耀集团入选福建省工商联"2018 福建民营企业 100 强"第 18 位。

就第二方面的价值即企业的社会贡献和社会声望来看，福耀集团的员工工资待遇增长超过利润和税费增长幅度，税费增长又超过了利润的增长；曹德旺在中国经济人物网联合《环球时报》社、民革中央企业家联谊会等单位共同主办的"2018 中国经济高峰论坛暨第十六届中国经济人物年会"上，获得"2018 中国经济十大新闻人物"；在中国经济新闻联播、智库领袖联盟等联合主办的"人类命运共同体与可持续发展峰会暨致敬改革开放 40 年 40 人发布盛典"上被评为"中国最具影响力十大公益人物"；福耀集团获福清市 2018 年"十大产销企业""十大纳税企业"称号；曹德旺入选《财富》中文版 2019 年中国最具影响力的 50 位商界领袖第 38 位；福耀集团入选工业和信息化部公布的第四批绿色制造名单，被福建省工业和信息化厅纳入福建省第一批绿色制造名单，获选"绿色工厂"；曹德旺入选 2019 年界面中国慈善企业家榜福耀集团董事长曹德旺、副董事长曹辉获中国扶贫基金会"致敬三十年三十人——资助者"；集团董事长曹德旺、副董事长曹辉获颁中共中央、国务院、中央军委"庆祝中华人民共和国成立 70 周年纪念章"（见表 9.2）。

表 9.2 　　　　　　　　　　　　企业价值指标体系

指标名称	会计指标	说明
盈利能力	销售净利率	净利润/销售收入
	净资产收益率	净利润/平均净资产额
企业竞争力（生产能力成长发展能力）	人均产值	营业收入/员工总数
	营业收入增长率	营业收入增长额/上年营业收入总额
	净利润增长率	净利润增长额/上年净利润
社会贡献	人均工资	工资总额/员工总数
	员工工资增长率	本年度工资增长额/上年工资总额
	上缴税费增长率	本年度纳税增长额/上年税金总额
	企业环保达标率	年度环保达标次数/年数
社会声望	企业所获政府和社会的奖励与荣誉	
	家族成员因企业社会责任所获政府和社会的奖励与荣誉	

资料来源：笔者自制。

从图 9.1 可以看出，福耀集团 10 年来经营状况，除近两年受外部环境影响，总体良好。反映资本经营效率的核心指标净资产收益率，与反映净利润占销售收入百分比的销售净利率，总体一直在波动中保持基本稳定。比行业上市公司基本水平高，说明案例企业拥有较强的盈利能力。

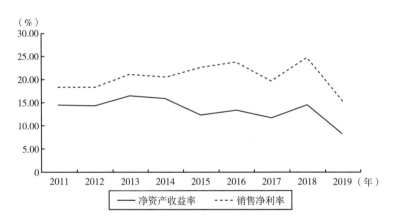

图 9.1　福耀集团企业价值的盈利能力

资料来源：根据福耀集团 2011～2019 年年度报告整理而成。

本书对生产能力的分析选取了总产值与员工投入的比例，通过企业年营业收入与企业集团员工工资总额的配比，得出如图 9.2 所示的趋势。总体来说，由于 10 年来劳动力工资的上涨幅度较大，从工资投入角度计算产值率是下降的。说明企业在承担对员工的社会责任方面是在逐年上升的。

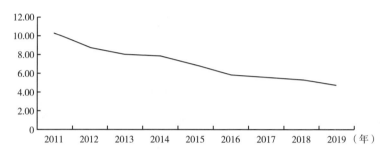

图 9.2　福耀集团企业价值的生产能力

资料来源：根据福耀集团 2011～2019 年年度报告整理而成。

选用净利润增长率即用企业的盈利效率反映发展能力，用营业收入增长率反映企业发展的潜能。从图 9.3 可以看出，2012～2019 年福耀集团营业收入一直保持增长态势，净利润除 2017 年和 2019 年受环境影响出现下降外，也一直在波动中增长。

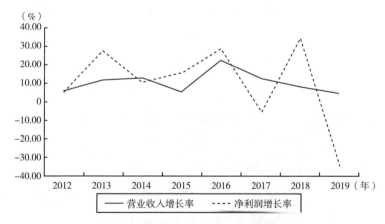

图 9.3　福耀集团企业价值的发展能力

资料来源：根据福耀集团 2011～2019 年年度报告整理而成。

总之，本节对福耀集团履行企业社会责任情况进行了描述，同时通过对相关数据进行整理分析，对福耀集团企业价值基本状况有了基本了解。下面就是对企业社会责任的结构与企业价值之间的关系进行相关性分析。

第二节　福耀集团企业社会责任投资与企业价值相关性分析

本节将探讨福耀集团社会责任投资结构与企业价值增长之间的关系，分析福耀集团如何在社会责任履行中实现价值增长，特别是分析不同的社会责任投资与不同的企业价值之间相关性。目前常用的分析工具主要为道德矩阵、Pleza 矩阵，我们受启发而自主设计了"意愿回报"矩阵。

一、企业社会责任与企业价值相关性分析工具

1. 道德矩阵模型。2002 年，著名管理大师罗杰·L. 马丁（Roger L. Martin）从社会责任的道德动机角度，设计了道德矩阵，帮助管理者分析社会责任的紧迫问题。道德矩阵包括四个象限，分别描述企业因不同的驱动力而产生的社会责任行为。如图 9.4 所示。矩阵下边的两个象限，分别为选择区、遵从区，主要是基于社会规范、习俗及法律而作出社会责任行为，其动机还是为了股东和公司自身的生存、发展和社会声誉。而上边的两个象限，策略区和结构区，用于描述企业创新性的社会责任行为，这类行为的动

策略区	结构区
选择区	遵从区

图 9.4　道德矩阵模型

资料来源：王楠. 民营企业社会责任与企业价值的关系研究［D］. 西安：西安工业大学，2018.

机，一般是自发性的，认为这么做是对的，会产生良好的社会效应，对股东价值作用不清晰或不明显。

遵从区（compliance）的社会责任行为，是企业不得不做的法律法规规定的社会责任的行为，例如向政府纳税、给员工的工资和社保、环保投资或减排。选择区（choice）的社会责任行为，是企业按照社会规范及习惯选择的，例如良好的产品售后服务，这些行为能够赢得社会大众的好感，对企业带来长远一些的利益。但由于习俗力量，这类行为容易被模仿，因而选择区的社会责任，可能会逐渐演变为法律规定的行为。策略区（strategic）的社会责任行为是以对社会有益出发，是未必直接给企业带来好处的行为。但策略区的社会责任行为，能够引发员工、客户以及其他利益相关者的积极反应，最终可能使企业价值增值。策略区的社会责任行为，既有利于股东，又有利于提供广泛的社会责任，可以成为企业盈利的策略。而结构区（structure）的社会责任，是会使股东利益和企业自身利益受损但能带来社会价值的行为（Martin R L，2002）。2010年12月，曹德旺历经3年争取，捐出价值数10亿元福耀玻璃股票，成立了河仁慈善基金会，成为中国资产规模最大的公益慈善基金会。2011年4月正式过户时，曹德旺明确表示，股票从过户那一刻起，基金会彻底与曹家剥离，拥有完整股权。这类行为从长远来看，能为企业带来类似屏障的保护作用。

2. Peloza矩阵模型。约翰·皮纳扎（John Peloza）从管理时间的长短角度评估企业社会责任的影响，建立了一个矩阵模型（见图9.5）。矩阵的左侧来看，无论长期短期，企业履行社会责任均会阻碍企业财务绩效提升；矩阵的右侧，则显示企业履行社会责任，无论从短期还是长期都对企业财务绩效有一定支持作用。

具体来说，第一象限表示履行社会责任与企业价值冲突，会导致企业资源分配不当。第二象限认为，短期履行社会责任能带来企业和社会的双赢，可作为短期策略，例如弥补负面的新闻报道对企业的影响。第三象限认为，长期履行社会责任会导致企业的运营支出的增加，降低企业的盈利能力。第四象限认为，长期社会责任是企业价值的补充（Peloza J，2006）。

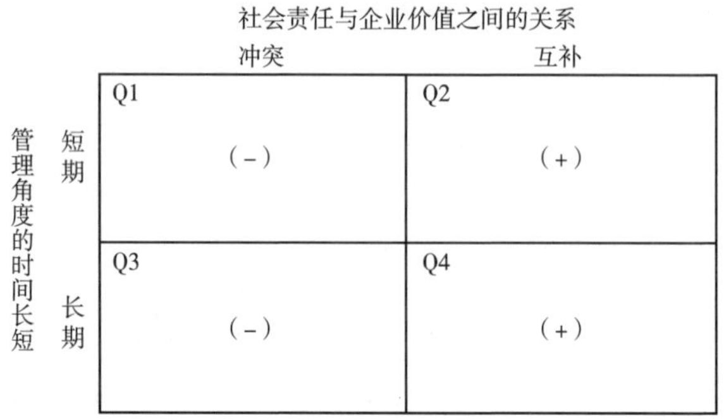

社会责任与企业价值之间的关系

	冲突	互补
短期	Q1　（－）	Q2　（＋）
长期	Q3　（－）	Q4　（＋）

（纵轴标签：管理角度的时间长短）

图 9.5　Peloza 矩阵模型

资料来源：王楠．民营企业社会责任与企业价值的关系研究［D］．西安：西安工业大学，2018.

3. "意愿回报"矩阵。这两种矩阵模型为我们理解考察企业社会责任的动机和影响提供了很好的启示，能够帮助分析福耀集团的社会责任投资与企业价值之间的关系。但本书侧重考察企业社会责任投资结构与企业价值的关系，两个模型都只能从一个角度显示一定的有效性。如前所述，受两个模型的启发，我们设计了"意愿回报"矩阵，既考虑了履行社会责任的主观意愿，又把回报因素考虑进来，事实上是把短期和长期的企业价值回报考虑进来。我们试着用三种模型分别进行矩阵分析，以多角度透视福耀集团社会责任投资的结构特点及其与企业价值之间的关系。

二、福耀集团企业社会责任投资矩阵分布及分析

（一）福耀集团企业社会责任投资在道德矩阵和 Peloza 矩阵中的分布

根据福耀集团社会责任投资的道德矩阵分布，福耀集团的社会责任既有属于遵从区、选择区的，也有大量属于策略区乃至结构区的。从总体角度，社会责任给企业带来的短期价值增值，主要以遵从区和选择区为主；而长期价值增值，主要以策略区和结构区为主。福耀集团在遵从区和选择区的社会责任行为，例如提升工资总额，虽然在一定程度上降低了企业从投资角度上

度量的生产能力上提升，但其盈利能力和成长发展能力并未受到根本影响，究其原因，可能在于企业在策略区和结构区的社会责任活动，从长远角度为福耀集团赢得了极大声望，帮助了企业自身与社会的可持续发展。

从福耀集团社会责任投资在 Peloza 矩阵的分布可以看出，福耀集团超过80%的社会责任投资分布在 Q1 区、Q2 区和 Q4 区。首先，福耀集团的社会责任投资，整体上为企业价值带来持续的增值，为企业带来持续的投资、客户和合作机会，增加企业的社会资本、声誉资本等无形资产。其次，有超过50%的社会责任投资与企业价值有短期冲突，但长期来看能为企业带来更大的价值增值，即使不是盈利能力、生产能力和成长能力的增强，也是家族社会声望的提升，以及安全感、成功感和来自政府的长期持久的支持，从而还是会提升企业的长期角度上的成长能力。最后，福耀的社会责任投资中，导致企业长期价值减少的行为很少，这部分投入主要是面向特定对象的慈善投入，没有在较大范围内产生广告效应，同时又影响企业向生产领域扩大再生产的扩展，虽行为本身有很好的社会道德意义，但长期来看，对企业财务价值影响较大。

（二）福耀集团企业社会责任投资在"意愿回报"矩阵中的分布

在福耀集团企业社会责任投资分布中，自愿且长期短期都有回报的社会责任履行为主要部分，包括：股东利润、员工工资、供应商合作、客户及消费者权益等。自愿短期无回报但长期有回报的社会责任履行，在投资数额上占据较大比例，包括：慈善捐款、环保投资、技术研发等；非自愿短期无回报但长期有回报的为政府税收。非自愿且长短期均无回报以及自愿且长短期均无回报的均为极少数。这样的投资，对任何企业来说，可能都在所难免，但数额一定都较少甚至很少。也就是说，企业进行社会责任投资，无论是自愿还是非自愿，一般来说，都会有所回报，如果不能得到短期回报，从长期来看，也会得到社会的回报。即使不能得到短期的财务利益，从长期来看，企业得到的社会声望也会转化为财务利益。但究竟哪些会得到回报，哪些不会得到回报，企业进行投资时，未必都能有准确的预测，尤其对短期没有回报的责任投资，常常可能是"有心栽花花不开，无心插柳柳成荫"。

因此，对于那些短期没有回报的社会责任投资，与其带着得失心去算计未来的回报，不如抱着奉献社会不求回报的心态，把对企业财务价值的追求化为对家族社会责任和人生理想的追求，作为提升家族人生境界和精神品格的超功利价值，在企业财物价值之外，进行另外的考量。

第三节　福耀集团的企业社会责任投资策略

企业履行社会责任影响企业财务绩效的机理，有些是显而易见的。例如，对主要投资人和控股股东责任是企业得以延续的根本所在；而对一般投资人和大众股东的社会责任，则有利于稳定并提高企业的筹资水平和能力，为企业提供持续而稳定的资金基础。本部分主要分析面向客户、企业员工、社会公众的社会责任投资对企业价值的作用机理。首先，福耀集团自觉担负社会责任，明确自己的社会责任理念是"发展自我，兼善天下"，自成立起就以"为中国人做一片属于自己的玻璃"为愿景，以"打造全球最具竞争力的汽车玻璃专业供应商"为奋斗目标，把打造全球客户的忠实伙伴、全球行业的行为典范、全球员工的最佳雇主、全球公众的信赖品牌，作为对客户、员工和社会公众的社会责任目标。本节运用结构化—实用化—情景化（structured-pragmatic-situational，SPS）案例研究方法，分析企业社会责任履行促进企业价值增长的作用机理。

一、对客户投资引发的顾客公民行为提升了企业价值

就企业生存发展的基础而言，客户的重要性与股东和投资人几乎可以等量齐观。没有客户的企业也就相当于没有存在的企业，使股东的投资失去了资本价值。因此，建立与客户的关系是企业的生存之本；而履行对客户的社会责任，也是企业通过社会责任投资获得企业价值的基础。在此过程中，企

业的社会责任行为，客户不仅得到交易上的满足，对价获得企业的财务投入，而且感受到企业的感情投入；不仅建立生活和习惯上的依赖关系，而且产生对企业的信任与认可，从而培养起客户的顾客公民行为。顾客公民行为会提升企业与客户的关系品质，从而实现从交易到互惠互助的关系升华。

福耀集团在提高产品质量、提高客户满意度方面具有自觉强烈的责任意识。首先是严格遵守《中华人民共和国产品质量法》等法律法规的要求，"铁腕抓质量，铁心保安全，确保产品质量的法律底线"。公司连续32年零违规，各级政府监督抽查合格率为100%。在产品质量上的责任意识，相应为企业赢得了更多更高回报的客户。公司产品不仅获得十多个国家及地区的认证，而且得到全球顶级汽车制造企业及主要厂商的认证和选用。其次是福耀集团不仅坚持质量的法律底线，而且努力加大投入，从设计、开发、制造、销售到客户增值服务，实施全产业链全生命周期管控，确保产品各阶段受控，以持续稳定产品的供货质量。公司相继引入IATF16949、ISO14001、ISO45001体系标准，融合中国、欧洲、美国、日本、韩国等客户标准，形成高于各国家及行业标准的福耀内控体系标准和产品技术标准。这样的产品如果同时具有价格优势，客户得到收益无疑是超值的。福耀集团建立了《质量过程控制》，层层把关，杜绝不良品的流出。树立现代质量观念，把质量意识贯彻于每个员工。同时建立《客户投诉管理流程》，保证客户反馈的质量问题得到及时、有效解决，根据《客户投诉管理流程》和信息反馈机制，遵守"1-3-7原则"，即：接到投诉1工作日内，应与客户取得联系，掌握问题现状，并答复客户应急方案；接到投诉3个工作日内，应给客户回复"初步调查结果"，包含经验证过的"临时措施"；接到投诉7个工作日内，应给客户一个正式的调查报告，说明目前的进展及今后的整改方向；如客户对回复时限有特殊要求的，则按照客户的要求及时调整方案以满足客户诉求。

福耀集团对客户社会责任的履行可通过社会交换理论影响下的顾客公民行为来解释。对客户社会责任的履行，引发了业主的顾客公民行为，在同行业一直存在激烈竞争的市场环境下，企业仍然不断提高销售收入，促进或持久保持企业的盈利能力，带来企业价值的增值。在此过程中，纵然企业以财务效益计量的生产能力并未提高，但由于企业产品的稳定和不断扩大，企业的盈利能力和发展能力并不会受到影响。因而对客户的责任，也被认为是企业社会责任中的本质责任。

二、面向员工投资培养的类亲情关系提升了企业绩效

福耀集团经过 30 多年的发展，海内外员工达到 27000 多人，为社会提供了大量就业机会，这是福耀集团担负企业社会责任的基石，也是企业价值的重要内容。集团推行"以人为本"的现代管理文化，构建和谐、双赢、合法的劳动关系。福耀集团首先是严格落实《中华人民共和国劳动法》和《中华人民共和国劳动合同法》等各项劳动法律法规，健全人才员工选用聘用机制，以公平、竞争、激励、经济和合法为原则，建立以月度固定薪酬与年度绩效考核相结合的薪酬，给每位员工提供了有竞争力的薪资报酬。同时，福耀集团尊重工人自由结社和集体谈判的权利，建立健全职工代表大会制度、职工代表大会代表提案制度等，引导员工理性合法表达诉求，参与企业管理，增强主人翁意识。在突出对员工科学、人性化管理的基础上，重视员工凝聚力和归属感的培养，倡导企业员工共同发展，努力为员工提供良好的工作条件、健康的生活环境、广阔的发展空间。建立"宜学习、宜工作、宜生活、宜发展"的四宜环境，并组织各式各样的活动来保障员工的身心健康。同时高度重视安全生产，通过大量的财务和人力投入保障保护职工身体健康和生命安全。

福耀集团在坚持建立合法基础上的劳动关系的同时，也坚持把每一个员工都当作自己的子女，努力培养和营造一种类亲情类家族式的企业内部人际关系。联想创始人柳传志曾提出"非血缘关系的家族式企业"的概念，即在没有血缘关系情况下，通过企业机制及文化，让企业形成家族。朱苏丽、龙立荣等（2015）提出了中国传统文化下的员工—组织的类亲情交换关系，将其定义为员工与组织都以满足对方需求为指引，通过各种不求回报和不计得失的行为连接形成的类似中国家庭中不分彼此、按需长久照应、相依相生的

一体化关系。类亲情交换关系能够实现员工与组织相互依赖的一体化交融关系，形成更有利于组织的工作态度与行为。

福耀集团对员工的社会责任履行，就合法层面而言，为企业严格管理确立了制度和心理基础，即以对员工的合法保障，换取员工对企业制度的尊重和遵守，成为福耀集团以铁的制度管理、确保产品质量不断提升、企业业务不断扩大的前提。反之，一些无视劳动者权益，以低廉工资和榨取行为来提升企业利润的缺乏社会责任的行为，往往也把企业快速带上"死亡"之路。而福耀集团与员工努力建立的类亲情交换关系，对员工不计得失的社会责任投入，也利于形成员工与企业间高度情感依赖关系。员工把企业当家，不会严格按酬付劳，而是努力为组织创造价值，在这种情况下，则必然带来绩效的提升和劳动力费用的降低。

三、面向社会公众投资带来的良好社会资本促进了企业的可持续发展

福耀集团对社会公众的社会责任，体现在以下三个方面：一是积极进行环境保护投入，按照国家环境保护法律法规和技术要求，建立 ISO14001 环境管理体系，在内部建立 EHS（环境、健康与安全）部门，推进清洁生产，落实节能环保，强化环境风险管理，有效防范突发环境事件的发生，降低环境风险；二是大量开展社会捐赠，坚持"发展自我、兼善天下"的理念，在为股东创造价值、为客户创造财富的同时，投身公共服务事业，关注弱势群体和困难群众生活，自 1983 年起，福耀集团和董事长曹德旺不间断向社会捐赠，帮助了难以计数的灾民、贫困家庭、贫困大学生，并捐出名下 3 亿只福耀玻璃股票，发起成立河仁慈善基金会，累计捐赠超过 110 亿元，范围涉及救灾、扶贫、助困、教育、文化等各方面；三是积极融入社区建设，为本地社区公益事业捐款 175 万元。

这些面向社会公众的投资，短期内并不能增加企业的财务价值。但企业对非特定社会群体的社会责任履行，会引起潜在及已有消费者的认同，尤其

企业公开的慈善行为，会大大提高企业声望和企业的辨识度，并随着媒体宣传的增大，促进了消费者对企业的认同，为企业带来良好的社会资本。社会资本是企业与利益关系各方之间基于信任、一致价值观而形成的和谐社会关系网络，是能提升企业价值的隐性经济资源。社会资本对企业价值提升作用已经得到广泛的实践支持和验证。首先，从扩大客户的角度，对公众的社会责任投资，建立了良好的企业声誉和形象，获得已有和潜在消费者对家族成员身份与企业身份的认同和赞誉，同时潜在地增强一般消费者，特别是道德敏感消费者对企业价格的容忍度，促进企业销售收入增加，达到长期盈利能力提升。其次，从供应商及合作伙伴来说，企业无私的捐赠行为，提升了企业的道德形象，也增强了企业的可信度，带来社会网络中的优质社会关系资本，利于与上下游企业及媒体以及行业领导者等外部利益相关者产生良性的广泛的互动，帮助企业获取优质资源，减少相关交易费用。最后，企业的环保行为和捐赠行为，会大大提升企业与政府和传媒组织的良性互动，提高了企业从政府中获得优质资源甚至是独特资源的可能，这些资源成为企业持续发展的竞争优势，会持续促进企业盈利及发展能力的提升，帮助企业实现多方面的价值提升。

| 第十章 |

研究结论、局限性和对策建议

　　当前，中国经济发展正处于快速转轨时期，在党的十九届五中全会提出"十四五"期间要"扎实推动共同富裕"的背景下，作为在中国经济发展中占有重要地位的处于传承换代的家族企业，如何更好地实现高质量发展，成为民营家族企业加强管理、提高绩效的重要课题。由于企业社会责任涉及企业的多方利益相关者，越来越多的家族企业把企业社会责任作为企业持续发展的重要任务，并在企业社会责任投资方面不断寻求突破。但实践中，家族企业社会责任投资却多显不足或者出现投资不平衡的现象，使家族企业在社会责任履行方面饱受诟病。那么，到底企业社会责任投资中的哪个维度或哪种组合或结构能够提升家族企业价值，而使其基业长青，实现其可持续发展呢？因此，在共同富裕背景下研究企业社会责任投资及其结构对家族企业价值提升的影响具有重要的现实意义。

　　基于此，本书按"背景驱动—现状分析—理论建模—实证检验—案例研究—对策建议"的思路，系统分析了企业社会责任投资及其结构对家族企业价值提升的影响，并采用三种方法，利用其各自优势进行实证检验。另外，通过案例进行典型研究，进一步证明本书研究的理论模型。本章将根据前面的研究成果进行归纳总结，提出进一步促进家族企业履行社会责任的对策建议并阐述本书研究的局限性和未来的研究展望。

第一节 主要研究结论

在中国打赢了脱贫攻坚战、全面建成小康社会，宣布进入"扎实推动共同富裕"历史阶段的背景下，本书立足于中国家族企业发展现状，以企业社会责任投资为切入点，按照"背景驱动—现状分析—理论建模—实证检验—案例研究—对策建议"的思路，系统分析了企业社会责任投资及其结构对家族企业价值提升的影响。第一，梳理共同富裕的科学内涵，阐述中国特色社会主义共同富裕思想的形成和发展、成熟与完善，进而提出当前中国扎实推动共同富裕对家族企业的影响和要求。第二，分析了当前中国家族企业社会责任投资现状及特点。第三，通过理论分析企业社会责任投资各维度及投资结构对家族企业价值提升的作用机理，进而提出家族企业社会责任投资及其结构对家族企业价值的理论分析框架，构建了理论模型。第四，利用 2010~2016 年和讯网家族企业社会责任评分数据和中国国泰安民营上市公司数据库中有关家族企业的财务数据，最终获取 656 家家族企业的 3956 个观测值，通过建立回归模型和机器学习模型分别从家族企业社会责任投资各维度、家族企业社会责任投资结构和家族控制三个方面对家族企业价值提升的机理进行实证检验。另外，基于家族企业创始人或实际控制人的权威及对家族企业投资决策的影响，本书还采用了神经管理学的实验研究方法，分析检验了企业社会责任投资决策的神经机制。第五，选择作为家族企业社会责任投资典范的曹德旺家族的福耀集团为研究对象，案例分析了福耀集团的社会责任投资策略。基于上述的理论分析和实证检验，本书的主要结论如下。

1. 家族企业社会责任投资各维度对家族企业价值提升均产生影响。经检验，家族企业社会责任投资各维度对家族企业价值有显著影响。（1）家族企业对投资者、员工、政府的社会责任投资对企业价值产生显著的正向效应，对环境的社会责任投资对企业价值产生显著的负向效应。纵向来看，家族企业对员工的社会责任投资所提升的企业价值要大于对投资者和政府的社会责任投资。（2）家族企业对客户和供应商以及社区和公众的社会责任投资对企业价值的影响符合预期，但显著性不够强，表明家族企业是否承担对客户和供应商以及社区和公众的社会责任，对企业增加价值的创造并没有太大的影响，也反映出这两个维度的投资存在滞后效应。（3）家族企业的独董比例和债务融资比率并不影响企业价值的提升。（4）企业规模与上市年限对企业价值产生显著的负向效应，因为家族企业规模越大，上市年限越久，其市场价值提升的难度就越大，市场价值会被一些新上市的家族企业所挤占。

2. 家族企业社会责任投资的不同投资结构对家族企业价值提升产生不同影响。经检验，家族企业社会责任三种投资结构对家族企业价值也有显著影响。（1）自愿有回报的 CSR 和自愿无回报的 CSR 投资对家族企业价值的提升有正向影响效应，说明价值企业比较重视股东、员工及客户和供应商的组合投资，这样才能共同为价值企业创造经济收益；对于自愿而无回报的社区和公众及环境维度的投资，家族企业可能更多关注的企业社会责任投资的长期效应和可持续发展目标。（2）非自愿无回报的 CSR 投资对家族企业价值的提升有负向影响效应。

3. 家族控制对家族企业社会责任投资及其结构与家族企业价值关系的调节效应显著。（1）家族控制权增加对投资者和员工的社会责任投资与企业价值正相关关系具有显著的正向调节作用，但对客户和供应商以及政府的社会责任投资与企业价值正相关关系的正向调节作用并不显著，说明家族控制权对家族企业内部的投资者和员工影响更大。（2）家族成员任职董事长或总经理对家族企业对投资者和员工的社会责任投资与企业价值正相关关系同样具有显著的正向调节作用，且调节作用大于家庭控制权增加。

4. 自愿与必须两种不同情境对企业社会责任投资决策的神经反应显著。实验研究发现：（1）与必须捐赠相比，自愿捐赠会诱发更大 LPP 振幅，引起更高的分类评价，说明人们更愿意在自愿条件下进行捐赠。（2）当慈善机构收到的捐赠金额小于被试捐出的金额时，自愿捐赠会产生积极情绪，导致更大的认知冲突和更大的决策困难。这一结论对于本书中家族企业主的自愿与非自愿进行社会责任投资而言，说明家族企业主更愿意遵照自己的意愿进行社会责任投资。

第二节　研究启示与对策建议

根据主要研究结论，结合中国企业社会责任投资现状，对于如何加快促进家族企业践行社会责任、助力共同富裕、实现高质量发展，提出以下相关建议。

一、对家族企业的启示

1. 家族企业应该对企业利益相关者的层次进行剖析，采取更加合理的社会责任投资策略。对于多样性的利益相关者，企业进行社会责任投资应该先权衡能够给家族企业带来直接回报的股东维度的投资、员工维度的投资等。但是，也应当考虑企业的长远利益，认识到当前没有直接回报的社区公益、环境投资给企业价值提升带来的长期效应。

2. 家族企业社会责任投资的关键在于选取最优的投资结构，不应该采取单一或分散的投资模式。单一维度的企业社会责任投资无法兼顾其他利益相关者，家族企业应深刻分析自身各方面的特点，经过认真权衡，选择相对合理适用的企业社会责任结构。例如对于投资者、员工和供应商投资维度的组合可以最大限度地提高企业价值，因而应是企业的首选。对于制造业家族企业，则应将环境维度的投资作为其重要内容，等等。优先保证企业在股东、客户的投资，确保企业的融资能力和市场拓展，有利于企业盈利能力的提升；面向企业员工的社会责任投资，尤其是人才投资，是保持企业生产能力和盈利能力的前提。

3. 家族企业应加大对员工维度的投资，高质量地促进企业价值的提升。研究结果表明，家族企业对员工的社会责任投资所提升的企业价值要大于对投资者和政府的社会责任投资，意味家族企业应加大对员工的社会责任投资，这也符合当前的家族企业变革潮流。在家族企业工作的员工，不少都抱有一种强烈的"打工心态"，很少有员工会树立一种与企业共存亡的观念，忠诚度较低。通过变革激励制度，才能让更多的员工去认可和真心地付出，使企业获得更多的增长潜力，获得更大的发展。

二、对政府监管部门的政策建议

1. 政府监管部门应积极引导个人或企业家的社会责任意识行为。提高家族企业社会责任投资决策行为，政府监管部门应注重从家族企业创始人或实际控制人的个人意愿出发，努力设立一套机制，促进其自愿地进行社会责任投资行为，例如定期开设讲座，让家族企业主了解各类企业社会责任投资对企业产生的经济价值和社会价值，促进其更好地提升其包括财务价值和非财务价值在内的企业价值，使其可以产生更高的社会效益，促进民营经济的高质量发展。

面向政府和社会公众的社会责任，不会在短期内提升企业的财务价值，并在一定程度上影响企业的成长能力，但能够提升企业的社会资本，降低企业的广告成本，其对家族企业的作用在于提升企业的社会情感财富；提示政府应当给予企业适当的税负压力，过重的税负不利于企业价值的整体提升，同时提示家族企业的慈善捐赠，以家族基金会形式，与企业适当隔离，在同样提升企业社会资本的同时，有利于企业形成更科学的财务决策。

2. 政府监管部门应制定完善的法律法规和激励机制，提高家族企业社会责任投资的积极性。本书研究显示，家族企业对环境维度的社会责任投资与企业价值负相关。因此，对于企业的环保责任，政府不仅要出台有关法律和制裁措施，更应该针对民营家族企业的特殊性，给予相应的补贴。已有研究表明，2015 年新《环保法》实施后，企业环境治理压力过大与资源支持不足，导致不同财务状况的民营家族企业均采取缩减生产规模的消极应对行为（崔广慧和姜英兵，2019）。这显然不符合《环保法》保护和改善环境、促进经济社会可持续发展的立法宗旨，也不利于民营家族企业的可持续发展。因此，政府应当加大对环保企业的财务支持力度，社会公众应当提高对环保企业的产品支持度以支持和弥补企业的环保投资，多方面采取措施，努力激发民营家族企业的社会责任投资的积极性，形成良好和谐的社会氛围，从而促进整个社会的健康发展。

3. 政府监管部门应建立全面完善的监督机制，促使家族企业更好地履行社会责任。一方面，政府监管部门应加大对家族企业履行社会责任的监管力度，维护社会利益，保障社会良性运转，坚持依法行政，运用行政干预和经济调控等手段，引导并监督家族企业履行依法纳税、安全生产、提供合格产品、保护环境等社会责任。另一方面，政府监管部门也要充分发挥行业协会、新闻媒体、社会公众等社会监督的作用，加大舆论监督的力度，强化舆论监督的功能，重视和发挥舆论在促进家族企业社会责任履行方面的作用，对家族企业"践行社会责任、助力共同富裕"的典型事件进行正面报道，对那些不履行社会责任，甚至存在严重违法行为的家族企业进行曝光，从而全方位提高家族企业履行社会责任的自觉性和主动性。

第三节　研究局限与展望

一、研究局限

1. 研究数据的缺陷。本书的实证研究是以中国 A 股家族上市公司，有关企业社会责任投资的数据来源于和讯网上市公司社会责任评分数据，由于它是基于各个公司自愿披露的社会责任报告书的内容来打分的，一方面当前还有许多公司没有披露企业社会责任报告；另一方面披露的报告质量也可能参差不齐，甚至会缺失公司的某些关键信息，这可能会影响数据的全面性和准确性。另外，以各项评分的比例测量社会责任投资结构，也有所欠缺。

2. 研究内容的局限。受限于数据的收集等原因，本书在内容上也存在一定的局限：一是，本书研究的企业社会责任维度选择了股东、员工、客户和供应商、政府、社区和公众以及环境维度，而没有将更多的利益关系者纳入其中。二是，关于家族控制的变量只选取了两个变量，没有全面地考虑家族控制的其他变量。三是，由于家族企业的特殊性和正处于跨代传承的重要阶段，本书没有考虑代际传承、控制权变更、财务安排等方面情况。

3. 研究方法的探索。本书通过不同研究方法对理论进行验证是一个探索，可能也存在使用不规范、不合理、不科学等问题。

二、研究展望

本书的研究未来可以在以下方面进一步拓展研究空间。

1. 从制度、产权等角度研究家族企业社会责任投资。本书仅探讨了家族企业自身和家族企业主个人意愿层面对企业社会责任投资及其结构与企业价值的关系，以后将从制度环境、家族企业与非家族企业相比较等角度进一步研究两者的关系。

2. 以社会情感财富理论为指导扩大企业价值的研究范围。家族企业具有不同于其他企业的特点，按照社会情感财富理论，家族企业有财务目标和非财务目标，企业价值也应当包括财务价值和非财务价值，因而如何界定和衡量非财务价值，也将是未来继续研究的内容。

3. 从代际传承、控制权变更、财务安排等方面进一步研究家族企业社会责任投资。研究家族企业代际传承前后社会责任投资对企业价值的不同影响，也可能是未来研究的主要内容。

附　　录

(一) 感知机

在机器学习中，基本类标识符 (y) 以 Heaviside 阶跃函数的形式存在，对于二进制类问题，其常规值为 (-1 或 1)、(0 或 1) 或等效的 (false 或 true)。激活函数 $\varphi(z)$ 是加权特征 (净输入) 的函数：

$$y \equiv \varphi(z) = \begin{cases} 1 & \text{if } z > 0 \\ -1 & \text{otherwise} \end{cases} \tag{1}$$

$$z = x. \, w = w_0 x_0 + w_1 x_1 + \cdots + w_n x_n \tag{2}$$

其中，添加了 $w_0 = -\theta$ 和 $x_0 = 1$ 的偏置项 $w_0 x_0$，以将阈值边界从 θ 移到 0 (即 $z > \theta \rightarrow z > 0$)。

自适应线性神经元 (学习机) 学习规则 (也称为 Widrow - Hoff 规则) 是一个对感知机初始规则的改善，重量因素的更新是基于线性更新激活函数而不是一个简单的 Heaviside 阶跃函数。然而，为了将连续函数 $\varphi(z)$ 转换成离散输出函数 y (类别标签)，在输出之前，一个量化器需要被添加到类别预测程序当中。连续激活函数的应用有一个优点，即我们现在可以定义一个可微的成本函数，它可以作为一个强大的优化算法，在确定权向量的过程中最小化。式 (2) 中的权重可以通过梯度下降法迭代得到：

$$w = w + \Delta w \tag{3}$$

并：

$$\Delta w = -\alpha \Delta J(w) \tag{4}$$

$$\Delta w_j = \alpha \frac{\partial J(w)}{\partial w_j} \equiv \alpha \sum_i [y^i - \varphi(z^i)] x_j^i, i = 1, m \, samples, j = 1, n \, features$$

$$\tag{5}$$

其中，$0 \leqslant \alpha \leqslant 1$ 是学习率，y^i 为第 i 个训练样本的真实类别标号，$\varphi(z^i)$ 为同一样本的计算类别标号，代价函数 $J(w)$ 为计算的类标签与真实类标签之间误差平之和：

$$J(w) = \frac{1}{2} \sum_i [y^i - \varphi(z^i)]^2 \tag{6}$$

逻辑回归算法是一个适用于线性可分类问题的高级算法，它的激活函数被一个 sigmoid 函数代替。根据问题的性质，可以使用线性、多项式、径向基函数（RBF）和其他类型的激活函数进行分析。

通过各种不同的方法，可以将二元类学习问题的学习算法推广到多类学习问题当中去。其中的一种技术就是 OVA（one vs all）技术。从它的名字我们就可以看出，当类别的数目超过 2 时，除一次一个类别外，所有类别都被放在负类（-1）中，而训练所针对的特定类别则被放在正类（+1）中。然后计算每个类别标签的权重向量（n 个类的 n 个）。在这种情况下，输出的类别标签构成了一个维度等于类别标签个数的向量，例如，对于一个拥有类别 i 的样本，向量的第 i 个分量是 1，其余的分量是 -1（或 0）。而在 OVO（one vs one）每次对每一对样本进行训练，则会产生 n(n-1)/2 个分类器。

（二）支持向量机算法

支持向量机算法的目的是最大化边距，也就是决策边界和离这个决策边界最近的数据样本之间的距离。通过构造超平面 wTx + b = 0，将一个类的对象与另一个类的对象分开，这些在间隔边上的样本被称为支持向量。非线性可分的情形可以用正松弛变量（ξ）来阐述。通过最大化两类之间的边界，

即最小化目标函数,可以得到超平面:

$$\frac{1}{2}\|w\|^2 + C\sum_i \zeta^i \qquad (7)$$

符合:

$$y^i(w^T x^i + b) \geq 1 - \zeta^i \qquad (8)$$

其中,由 Vapnik 引入的松弛变量 ξ 建立了一个软边际分类。C 也就是正文中提到的惩罚函数,会在控制误差容忍度和错误分类惩罚度之间进行权衡。

(三)核函数

在样本不是线性可分的非线性问题中,我们可以通过一个合适的映射函数 Ø 将原始特征映射到一个更高的维度上去,在这个新的特征空间中,样本是线性可分的,而且我们可以训练一个线性支持向量机模型进行分类。然而,这种映射方法在计算上是费时且昂贵的,特别是对于高维数据。使用核函数是解决线性不可分问题的另一种方法。在分类问题中,需要度量特征之间的相似性。径向基函数(RBF)核是一个高斯核:

$$k(x^i, x^j) = \exp\left(-\frac{\|x^i - x^j\|^2}{2\sigma^2}\right) \equiv \exp(-\gamma\|x^i - x^j\|^2), \gamma = \frac{1}{2\sigma^2}, i,j = 1,\cdots,n$$

$$(9)$$

式(9)可以解释为样本 i 和样本 j 特征之间的相似函数。由于是高斯分布的形状(由核 σ 的宽度控制),对于完全相似的样本它接近于 1,对于完全不同的样本它接近于 0。RBF 核方法可以作为一种将特征映射到高维特征空间(核引起高维特征空间)的替代方法。假设 σ = 1 同时不失问题的一般性,即:

$$k(x^i, x^j) = \exp\left(-\frac{\|x^i - x^j\|^2}{2}\right) = \exp\left(-\frac{1}{2}\langle x^i - x^j, x^i - x^j \rangle\right)$$

$$= \exp\left(-\frac{1}{2}\|x^i\| - \frac{1}{2}\|x^j\|\right)\exp(\langle x^i, x^j \rangle)$$

$$= C \sum_{k=0}^{\infty} \frac{<x^i, x^j>^k}{k!} \tag{10}$$

其中，$C = \exp\left(-\frac{1}{2}\|x^i\| - \frac{1}{2}\|x^j\|\right)$ 为一个常数，表明 RBF 核方法是一种从 n 维特征空间映射到无限维特征空间的可靠方法。

参考文献

［1］［美］奥利佛·威廉姆森，斯科特·马斯滕．交易成本经济学——经典名篇选读［M］．李自杰，蔡铭等，译．北京：人民出版社，2008：3.

［2］陈灿．国外关系治理研究最新进展探析［J］．外国经济与管理，2012（10）：74-80.

［3］陈独秀．法兰西人与近世文明［J］．青年杂志，1915（9）.

［4］陈凌，陈华丽．家族涉入、社会情感财富与企业慈善捐赠行为——基于全国私营企业调查的实证研究［J］．管理世界，2014（8）：90-101.

［5］陈凌，鲁莉劼，朱建安．中国家族企业成长与社会责任——第四届"创业与家族企业成长"国际研讨会侧记［J］．管理世界，2008（12）：160-164.

［6］陈宗仕，郑路．诱发抑或分散：企业社会责任与企业研发投入［J］．社会学评论，2019（9）：25-40.

［7］蔡维灿，李春瑜．基于相关者利益最大化的企业财务战略［J］．经济管理，2012（7）：135-142.

［8］崔学刚，邓衢，邝文俊．基于神经科学方法的会计研究：分析与展望［J］．会计研究，2016（12）：21-28.

［9］邓小平文选（第2卷）［M］．北京：人民出版社，1993.

［10］邓小平文选（第3卷）［M］．北京：人民出版社，1993.

[11] 方小枝. 企业社会责任与企业增加价值相关性研究 [D]. 合肥: 合肥工业大学, 2014.

[12] 付文林, 赵永辉. 税收激励, 现金流与企业投资结构偏向 [J]. 经济研究, 2014 (5): 19 – 33.

[13] 高汉祥, 郑济孝. 公司治理与企业社会责任: 同源、分流和融合 [J]. 会计研究, 2010 (6): 32 – 36.

[14] 高汉祥. 公司治理与企业社会责任: 被动回应还是主动嵌入 [J]. 会计研究, 2012 (4): 58 – 64.

[15] 贺小刚, 连燕玲. 家族权威与企业价值: 基于家族上市公司的实证研究 [J]. 经济研究, 2009 (4): 90 – 102.

[16] 黄珺, 周春娜. 股权结构、管理层行为对环境信息披露影响的实证研究——来自沪市重污染行业的经验证据 [J]. 中国软科学, 2012 (1): 133 – 143.

[17] 黄俊, 张天舒. 家族企业的会计信息——来自中国资本市场的经验证据 [J]. 中国会计与财务研究, 2011 (4): 1 – 62.

[18] 贾兴平, 刘益. 外部环境、内部资源与企业社会责任 [J]. 南开管理评论, 2014 (6): 13 – 18.

[19] [美] 杰伊·B. 巴尼, [新西兰] 德文·N. 克拉克. 资源基础理论: 创建并保持竞争优势 [M]. 张书军, 苏晓华, 译. 上海: 格致出版社·上海三联书店·上海人民出版社, 2011: 64.

[20] 李程骅, 胡亚萍. 企业社会责任与企业生命周期关系论 [J]. 南京社会科学, 2008 (7): 116 – 122.

[21] 李大钊文集 [M]. 北京: 人民出版社, 1984.

[22] 李维安, 王世权. 利益相关者治理理论研究脉络及其进展探析 [J]. 外国经济与管理, 2007 (4): 10 – 17.

[23] 李新春, 陈灿. 家族企业的关系治理: 一个探索性研究 [J]. 中山大学学报 (社会科学版), 2005, 45 (6): 107 – 115.

[24] 李新春, 贺小刚, 邹立凯. 家族企业研究: 理论进展与未来展望

[J]. 管理世界，2020（11）：207 - 228.

[25] 李新春，马骏，何轩，袁媛. 家族治理的现代转型：家族涉入与治理制度的共生演进 [J]. 南开管理评论，2018，21（2）：160 - 171.

[26] 李心合. 嵌入社会责任与扩展公司财务理论 [J]. 会计研究，2009（1）：66 - 73.

[27] 李增福，汤旭东，连玉君. 中国民营企业社会责任背离之谜 [J]. 管理世界，2016（9）：136 - 148.

[28] 李哲非. 关键利益相关者组合视角下企业社会责任投资策略的研究 [D]. 长春：吉林大学，2019.

[29] 连燕玲，贺小刚，张远飞. 家族权威配置机理与功效——来自我国家族上市公司的经验证据 [J]. 管理世界，2011（11）.

[30] 梁斌，瞿晓龙. 公司规模、股权结构与社会责任：基于沪市上市公司的实证分析 [J]. 财会月刊，2013（6）：25 - 29.

[31] 列宁全集（第7卷）[M]. 北京：人民出版社，1987.

[32] 列宁全集（第31卷）[M]. 北京：人民出版社，1987.

[33] 列宁全集（第35卷）[M]. 北京：人民出版社，1987.

[34] 列宁选集（第47卷）[M]. 北京：人民出版社，1987.

[35] 楼士明. 论增值会计 [J]. 会计研究，1996（11）：25 - 28.

[36] 卢现祥，朱巧玲. 新制度经济学 [M]. 北京：北京大学出版社，2008：261.

[37] 陆正飞，岳衡，祝继高. 公司财务实证研究重点文献导读 [M]. 北京：中国人民大学出版社，2011.

[38] 马克思恩格斯全集（第21卷）[M]. 北京：人民出版社，1995.

[39] 马克思恩格斯全集（第31卷）[M]. 北京：人民出版社，1995.

[40] 马克思恩格斯选集（第1卷）[M]. 北京：人民出版社，2012.

[41] 马克思恩格斯选集（第2卷）[M]. 北京：人民出版社，2012.

[42] 马丽波，张健敏，吕云杰. 社会责任与家族企业生命周期 [J]. 财经问题研究，2009（3）：56 - 63.

［43］马庆国，王小毅．认知神经科学、神经经济学与神经管理学［J］．管理世界，2006（10）：139－148.

［44］麦木蓉，魏安平，钟子康．"优化"还是"恶化"——基于上市家族企业的控制权安排研究［J］．经济学报，2020，7（4）：21－63.

［45］彭罗斯．企业成长理论［M］．赵晓，译．上海：上海人民出版社，2007.

［46］青木昌彦．比较制度分析［M］．周黎安，译．上海：上海远东出版社，2001.

［47］沈洪涛，杨熠，吴奕彬．合规性、公司治理与社会责任信息披露［J］．中国会计评论，2010（3）：363－374.

［48］十七大以来重要文献选编（上）［M］．北京：中央文献出版社，2009.

［49］斯大林全集（第13卷）［M］．北京：人民出版社，1987.

［50］斯大林选集（下）［M］．北京：人民出版社，1979.

［51］苏启林，朱文．上市公司家族控制与企业价值［J］．经济研究，2003（8）：36－45，91.

［52］唐跃军，左晶晶，李汇东．制度环境变迁对公司慈善行为的影响机制研究［J］．经济研究，2014（2）：61－73.

［53］王化成，曹丰，叶康涛．监督还是掏空：大股东持股比例与股价崩盘风险［J］．管理世界，2015（2）：45－57.

［54］［美］威廉·L.麦金森．公司财务理论（中译本）［M］．大连：东北财经大学出版社，2002.

［55］魏刚，肖泽忠．独立董事背景与公司经营绩效［J］．经济研究，2007（3）．

［56］魏明海，黄琼宇，程敏英．家族企业关联大股东的治理角色——基于关联交易的视角［J］．管理世界，2013（3）：133－147，171.

［57］温素彬，方苑．企业社会责任与财务绩效关系的实证研究——利益相关者视角的面板数据分析［J］．中国工业经济，2008（10）：50－156.

［58］王昶，周登，［美］肖恩·P. 戴利. 国外企业社会责任研究进展及启示［J］. 华东经济管理，2013（3）：150 – 154.

［59］王建琼，何静谊. 公司治理企业经济绩效与企业社会责任：基于中国制造业上市公司数据的经验研究［J］. 经济经纬，2009（2）：83 – 86.

［60］王明琳，陈凌，叶长兵. 中国民营上市公司的家族治理与企业价值［J］. 南开管理评论，2010，13（2）：61 – 67，96.

［61］徐细雄，刘星. 创始人权威、控制权配置与家族企业治理转型——基于国美电器"控制权之争"的案例研究［J］. 中国工业经济，2012（2）：139 – 148.

［62］杨伯坚. 企业社会责任、公司治理和公司业绩［J］. 经济经纬，2012（3）：95 – 99.

［63］杨忠智. 公司治理、财务绩效与社会责任——基于上市公司的实证分析［J］. 社会科学战线，2012（9）：64 – 67.

［64］叶艳，李孔岳，胡桂梅. 家族企业社会责任的选择性参与［J］. 北京理工大学学报，2019，21（3）：76 – 85.

［65］张丹. 马克思恩格斯关于未来社会普遍富裕的思想及其当代启示［J］. 理论视野，2021（12）.

［66］张光曦. 道德一致或道德平衡？关于企业家捐赠的研究［J］. 应用心理学，2018，24（3）：221 – 233.

［67］张洪君. 家族企业社会责任的社会情感财富行为动因分析［J］. 财务与金融，2014（5）.

［68］张兆国，靳小翠，李庚秦. 企业社会责任与财务绩效之间交互跨期影响实证研究［J］. 会计研究，2013（8）：32 – 39.

［69］赵昌文，唐英凯，周静等. 家族企业独立董事与企业价值——对中国上市公司独立董事制度合理性的检验［J］. 管理世界，2008（8）.

［70］赵天骄，肖翔，姜钰羡. 企业社会责任与企业投资水平——基于企业生命周期的视角［J］. 北京理工大学学报（社会科学版），2019，21（6）：107 – 115.

［71］赵馨燕. 论社会责任会计信息披露监管的改进路径［J］. 财务与金融, 2011（5）: 27 - 30.

［72］周立新. 家族涉入与企业社会责任——来自中国制造业的经验证据［J］. 经济管理, 2011（9）.

［73］周立新, 黄洁. 家族企业社会责任与企业绩效: 内部能力与外部关系的调节效应［J］. 商业经济与管理, 2012（5）: 5 - 15.

［74］朱沆, 叶雪琴, 李新春. 社会情感财富理论及其在家族企业研究中的突破［J］. 外国经济与管理, 2012（12）: 56 - 62.

［75］朱雅琴, 姚海鑫. 企业社会责任与企业价值关系的实证研究［J］. 财经问题研究, 2010（2）: 102 - 106.

［76］［英］S. 戈登·雷丁. 华人资本主义精神［M］. 谢婉莹, 译. 上海: 格致出版社·上海人民出版社, 2009.

［77］Anderson R C, D. M. Reeb. Founding-Family Ownership and Firm Performance: Evidence from the S&P 500［J］. *Journal of Finance*, 2003（58）: 1301 - 1328.

［78］Andreoni J, Miller J H. Giving According to GARP: An Experimental Test of the Consistency of Preferences for Altruism［J］. *Econometrica*, 2002, 70（2）: 737 - 753.

［79］Andreoni J, Vesterlund L. Which is the Fair Sex? Gender Differences in Altruism［J］. *Quarterly Journal of Economics*, 2001, 116（1）: 293 - 312.

［80］Barnett M. Stakeholder Influence Capacity and the Variability of Financial Returns to Corporate Social Responsibility［J］. *Academy of Management Review*, 2007, 32（3）: 794 - 816.

［81］Barnett M, R. Salomon. Beyond Dichotomy: The Curvilinear Relationship between Social Responsibility and Financial Performance［J］. *Strategic Management Journal*, 2006, 27（11）: 1101 - 1122.

［82］Baron D P. Private Politics, Corporate Social Responsibility, and Integrated Strategy［J］. *Journal of Economics and Management Strategy*, 2001, 10

(1): 7 – 45.

[83] Baron D, Harjoto M, Jo H. The Economics and Politics of Corporate Social Performance [J]. *Business and Politics*, 2011, 13 (2): 1 – 46.

[84] Baston C D, Shaw L L. Evidence for Altruism: Toward a Pluralism of Prosocial Motives [J]. *Psychological Inquiry*, 1991 (2): 107 – 122.

[85] Bateman T S, Crant J M. The Proactive Component of Organizational Behavior: A Measure and Correlates [J]. *Journal of Organizational Behavior*, 1993, 14 (2): 103 – 118.

[86] Beiting Cheng, Ioannis Ioannou, George Serafeim. Corporate Social Responsibility and Access to Finance [J]. *Strategic Management Journal*, 2014 (35): 1 – 23.

[87] Benjamin E, Hermalin, Michael S. Weisbach. Information Disclosure and Corporate Governance [J]. *Journal of Finance*, 2012 (1): 195 – 233.

[88] Berrone Pascual, Cruz Cristina, Gomez-Mejia Luis R, Larraza-Kintana, Martin. Socioemotional Wealth and Corporate Responses to Institutional Pressures: Do Family-Controlled Firms Pollute Less? [J]. *Administrative Science Quarterly*, 2010 (55): 82 – 113.

[89] Berrone Pascual, Cruz Cristina, Gomez-Mejia Luis R. Socioemotional Wealth in Family Firms: Theoretical Dimensions, Assessment Approaches, and Agenda for Future Research [J]. *Family Business Review*, 2012, 25 (3): 258 – 279.

[90] Beurden P, Gossling T. The Worth of Values—A Literature Review on the Relation between Corporate Social and Financial Performance [J]. *Journal of Business Ethics*, 2008 (82): 407 – 424.

[91] Block Joern H, Wagner Marcus. The Effect of Family Ownership on Different Dimensions of Corporate Social Responsibility: Evidence from Large US Firms [J]. *Business Strategy & the Environment* (*John Wiley & Sons, Inc*), 2014 (23): 475 – 492.

［92］ Boksem M A S, Smidts A. Brain Responses to Movie Trailers Predict Individual Preferences for Movies and their Population-Wide Commercial Success ［J］. *J. Mark. Res.* , 2015 （52）: 482 – 492.

［93］ Borghesi Richard, Houston Joe, Naranjo Andy. Corporate Socially Responsible Investments: CEO Altruism, Reputation, and Shareholder Interests ［J］. *Journal of Corporate Finance*, 2014 （26）: 164 – 181.

［94］ Brehm J W. Control, Its Loss, and Psychological Reactance. Control Motivation and Social Cognition ［M］. New York: Springer, 1993.

［95］ Bridges S, Harrison J K. Employee Perceptions of Stakeholder Focus and Commitment to the Organization ［J］. *Journal of Managerial Issues*, 2003 （4）: 498 – 509.

［96］ Cajias Marcelo, Fuerst Franz, Bienert Sven. Can Investing in Corporate Social Responsibility Lower a Company's Cost of Capital? ［J］. *Studies in Economics & Finance*, 2014 （31）: 202 – 222.

［97］ Camerer C, Yoon C. Introduction to the Journal of Marketing Research Special Issue on Neuroscience and Marketing ［J］. *J. Mark. Res*, 2015 （52）: 423 – 426.

［98］ Cameron C D, Lindquist K A, Gray K. A Constructionist Review of Morality and Emotions: No Evidence for Specific Links between Moral Content and Discrete Emotions ［J］. *Personality and Social Psychology Review*, 2015, 19 （4）: 371 – 394.

［99］ Campopiano Giovanna, De Massis Alfredo, Chirico Francesco. Firm Philanthropy in Small- and Medium-Sized Family Firms: The Effects of Family Involvement in Ownership and Management ［J］. *Family Business Review*, 2014 （27）: 244 – 258.

［100］ Caroline Flammer. Corporate Social Responsibility and Shareholder Reaction: The Environmental Awareness of Investors ［J］. *Academy of Management Journal*, 2013, 56 （3）: 758 – 781.

[101] Carretié L, et al. Emotion, Attention, and the 'Negativity Bias', Studied through Event-Related Potentials [J]. *Int J Psychophysical*, 2001 (41): 75 – 85.

[102] Carroll A B. The Pyramid of Corporate Social Responsibility: Toward the Moral Management of Organizational Stakeholders [J]. *Business Horizons*, 1991, 34 (4): 39 – 48.

[103] Caspar E A, Christensen J F, Cleeremans A, Haggard P. Coercion Changes the Sense of Agency in the Human Brain [J]. *Curr Biol*, 2016, 26 (5): 585 – 592.

[104] Caspar E A, Cleeremans A, Haggard P. Only Giving Orders? An Experimental Study of the Sense of Agency when Giving or Receiving Commands [J]. *PLoS One*, 2018, 13 (9): e0204027.

[105] Caspar E A, Vuillaume L, Magalhães De Saldanha da Gama, P A, Cleeremans A. The Influence of (Dis) belief in Free Will on Immoral Behavior [J]. *Frontiers in Psychology*, 2017: 8.

[106] Catell R B, Eber H E, Tatsuoka M M. Handbook for the Sixteen Personality Factor Questionnaire (16PF), 1970.

[107] Cennamo Carmelo, Berrone Pascual, Cruz Cristina, Gomez-Mejia Luis R. Socioemotional Wealth and Proactive Stakeholder Engagement: Why Family-Controlled Firms Care More About Their Stakeholders [J]. *Entrepreneurship Theory and Practice*, 2012 (11): 1153 – 1173.

[108] Charityalliance. China's Total Charitable Donations Hit a Record High in 2019 [EB/OL], http://www. charityalliance. org. cn/news/14040. jhtml, 2019.

[109] Chen S, X. Chen, Q. Cheng, T. Shevlin. Are Family Firms More Tax Aggressive than Non-family Firms? [J]. *Journal of Financial Economics*, 2010, 95 (1): 41 – 61.

[110] Chen Y. Corporate Governance and Cash Holdings: Listed New Economy Versus Old Economy Firms [J]. *Corporate Governance: An Internation-*

al Review, 2008 (16): 430 – 442.

[111] Chun Keung Hoi, Qiang Wu, Hao Zhang. Is Corporate Social Responsibility (CSR) Associated with Tax Avoidance? Evidence from Irresponsible CSR Activities [J]. *The Accounting Review*, 2013, 88 (6): 2025 – 2059.

[112] Ciliberti F, Pontrandolfo P, Scozzi B. Investigating Corporate Social Responsibility in Supply Chains: A SME Perspective [J]. *Journal of Cleaner Production*, 2008, 16 (15): 1579 – 1588.

[113] Clarkson M E. A Stakeholder Framework for Analyzing and Evaluating Corporate Social Performance [J]. *Academy of Management Review*, 1995, 20 (1): 92 – 117.

[114] Chhaochharia V, Grinstein Y. Corporate Governance and Firm Value: The Impact of the 2002 Governance Rules [J]. *The Journal of Finance*, 2007, 62: 1789 – 1825.

[115] Cohen J. Statistical Power Analysis for the Behavioral Sciences [J]. *American Statistical Association*, 1988: 19 – 74.

[116] Colasante T, Zuffiano A, Malti T. Daily Deviations in Anger, Guilt, and Sympathy: A Developmental Diary Study of Aggression [J]. *Journal of Abnomal Child Psychology*, 2016, 44 (8): 1515 – 1526.

[117] Crisostomo V L, De Souza Freie F, De Vasconcellos F C. Corporate Social Responsibility, Firm Value and Financial Performance in Brazil [J]. *Social Responsibility Journal*, 2011, 7 (2): 295 – 309.

[118] Cuthbert B N, Schupp H T, Bradley M M, Birbaumer N, Lang P J. Brain Potentials in Affective Picture Processing: Covariation with Autonomic Arousal and Affective Report [J]. *Biological Psychology*, 2000, 52 (2): 95 – 111.

[119] David P, Bloom M, Hillman A J. Investor Activism, Managerial Responsiveness, and Corporate Social Performance [J]. *Strategic Management Journal*, 2007, 28 (1).

［120］ Denis D J, Denis D K, Sarin A. Agency Problems, Equity Owner-ship, and Corporate Diversification ［J］. *Journal of Finance*, 1997: 135 – 160.

［121］ Dhaliwal D S, et al. Voluntary Nonfinancial Disclosure and the Cost of Equity Capital: The Initiation of Corporate Social Responsibility Reporting ［J］. *The Accounting Review*, 2011, 86 (1): 59 – 100.

［122］ Dhaliwal D S, S. Radhakrishnan, A. Tsang, Y. G. Yong. Nonfinancial Disclosure and Analyst Forecast Accuracy: International Evidence on Corporate So-cial Responsibility Disclosure ［J］. *The Accounting Review*, 2012, 87 (3): 723 – 759.

［123］ Dickey L, Politte-Corn M, Kujawa A. Development of Emotion Pro-cessing and Regulation: Insights from Event-Related Potentials and Implications for Internalizing Disorders ［J］. *Int J Psychophysiol*, 2021 (170): 121 – 132.

［124］ Dorothee Baumann-Pauly, Christopher Wickert, Laura J. Spence and Andreas Georg Scherer. Organizing Corporate Social Responsibility in Small and Large Firms: Size Matters ［J］. *Journal of Business Ethics*, 2013, 115: 693 – 705.

［125］ Du S, Bhattacharya C B. Does Doing Good Always Lead to Doing Bet-ter? Consumer Reactions to Corporate Social Responsibility ［J］. *Journal of Mar-keting Research*, 2001 (5): 225 – 243.

［126］ Dyer W G, David A. Whetten Jr. Family Firms and Social Responsibility: Preliminary Evidence from the S&P 500 ［J］. *Entrepreneurship Theory and Practice*, 2006, 30 (6): 785 – 802.

［127］ Dziuban C D, Shirkey E C. When is a Correlation Matrix Appropriate for Factor Analysis? Some Decision Rules ［J］. *Psychological Bulletin*, 1974, 81 (6): 358 – 361.

［128］ Emily Hickman, Subramanian Rama Iyer, Nemiraja Jadiyappa. The Effect of Voluntary and Mandatory Corporate Social Responsibility on Earnings Management: Evidence from India and the 2% rule [J]. *Emerging Markets Review*, 2020.

[129] Fajardo T M, Townsend C, Bolander W. Toward an Optimal Donation Solicitation: Evidence from the Field of the Differential Influence of Donor-Related and Organization-Related Information on Donation Choice and Amount [J]. *Journal of Marketing*, 2018, 82 (2): 142 – 152.

[130] Farrell A, J Goh, B White. The Effect of Performance-based Incentive Contracts on System 1 and System 2 Processing in Affective Decision Contexts: fMRI and Behavioral Evidence [J]. *The Accounting Review*, 2014, 89 (6): 1979 – 2010.

[131] Ferreira M A, Matos P. The Colors of Investors Money: The Role of Institutional Investors around the World [J]. *Journal of Financial Economics*, 2008 (88): 499 – 533.

[132] Flammer C, Luo J. Corporate Social Responsibility as an Employee Government Tool. Evidence from a Quasi-Experiment [J]. *Strategic Management Journal*, 2017, 38 (2): 163 – 183.

[133] Frank A G. After Reaganomics and Thatcherism, what? From Keynesian Demand Management Via Supply-Side Economics to Corporate State Planning [J]. *Contemporary Marxism*, 1981 (4): 18 – 28.

[134] Freeman R E. Strategic Management: A Stakeholder Approach [M]. Bosten, MA: Pitman, 1984.

[135] Gallo M A. The Family Business and Its Social Responsibilities [J]. *Family Business Review*, 2004, 17 (2): 135 – 149.

[136] Gangl K, Pfabigan D M, Lamm C, Kirchler E, Hofmann E. Coercive and Legitimate Authority Impact Tax Honesty: Evidence from Behavioral and ERP Experiments [J]. *Soc Cogn Affect Neurosci*, 2017, 12 (7): 1108 – 1117.

[137] Garcia-Castro R, Anno M, Canela M. Does Social Performance Really Lead to Financial Performance? Accounting or Endogeneity [J]. *Journal of Business Ethics*, 2010 (92): 107 – 126.

[138] Garcia-Castro R, C. Francoeur. When More Is Not Better: Complementarities, Costs and Contingencies in Stakeholder Management [J]. *Strategic Management Journal*, 2016, 37 (2): 406 - 424.

[139] Gasiorowska A, Chaplin L N, Zaleskiewicz T, Wygrab S, Vohs, K D. Money Cues Increase Agency and Decrease Prosociality Among Children [J]. *Psychological Science*, 2016, 27 (3): 331 - 344.

[140] Gasiorowska A, Hełka A. Psychological Consequences of Money and Money Attitudes in Dictator Game [J]. *Polish Psychological Bulletin*, 2012, 43 (1): 20 - 26.

[141] George J M, Dane E. Affect, Emotion, and Decision Making [J]. *Organizational Behavior and Human Decision Processes*, 2016 (136): 47 - 55.

[142] Giovanna Campopiano, Alfredo De Massis. Corporate Social Responsibility Reporting: A Content Analysis in Family and Non-family Firms [M]. *Journal of Business Ethics*, 2014.

[143] Godfrey P C, C. B. Merrill, J. M. Hansen. The Relationship between Corporate Social Responsibility and Shareholder Value: An Empirical Test of the Risk Management Hypothesis [J]. *Strategic Management Journal*, 2009, 30 (4): 425 - 445.

[144] Gōmez-Mejīa L R, Haynes K, Núñez-Nickel M, Jacobson K, Moyano-Fuentes J. Socioemotional Wealth and Business Risks in Family-Controlled Firms: Evidence from Spanish Qlive Oil Mills [J]. *Administrative Science Quarterly*, 2007, 52: 106 - 137.

[145] Gōmez-Mejīa L R, Hoskisson R E, Makri M, Sirmon D G, Campbell J. Innovation and the Preservation of Socioemotional Wealth in Family Controlled High Technology Firms [M]. Unpublished Manuscript, Texas A & M University, College Station, 2011.

[146] Goss A, Roberts G. The Impact of Corporate Social Responsibility on the Cost of Bank Loans [J]. *Journal of Banking and Finance*, 2011, 35 (7):

1794 – 1810.

[147] Graves S B, Waddock S A. Institutional Owners and Corporate Social Performance [J]. The *Academy of Management Journal*, 1994 (37): 1034 – 1046.

[148] Greenhouse S W, Geisser S. On Methods in the Analysis of Profile Data [J]. *Psychometrika*, 1959 (24): 95 – 112.

[149] Hair J F, Anderson R, Tatham R, Black W C. Multivariate Data Analysis (5th Edition) [M]. Prentice Hall, Upper Saddle River, 1998.

[150] Hajcak G, MacNamara A, Olvet D M. Event-Related Potentials, Emotion, and Emotion Regulation: An Integrative Review [J]. *Dev Neuropsychol*, 2010, 35 (2): 129 – 155.

[151] Haleblian J, Finkelstein S. Top Management Team Size, CEO Dominance, and Firm Performance: The Moderating Roles of Environmental Turbulence and Discretion [J]. *The Academy of Management Journal*, 1993 (36): 844 – 863.

[152] Harbaugh W T, Mayr U, Burghart D R. Neural Responses to Taxation and Voluntary Giving Reveal Motives for Charitable Donations [J]. *Science*, 2007, 316 (5831): 1622 – 1625.

[153] He Tina, Li Wilson, Tang Gordon. Dividends Behavior in State- Versus Family-Controlled Firms: Evidence from Hong Kong [J]. *Journal of Business Ethics*, 2012 (110): 97 – 112.

[154] Hoje Jo, Maretno A. Harjoto. Corporate Governance and Firm Value: The Impact of Corporate Social Responsibility [J]. *Journal of Business Ethics*, 2011 (103): 351 – 383.

[155] Hoje Jo, Maretno A. Harjoto. The Causal Effect of Corporate Governance on Corporate Social Responsibility [J]. *Journal of Business Ethics*, 2012, 106: 53 – 72.

[156] Hong Bo, Tao Li, Linda A. Toolsema. Corporate Social Responsibility Investment and Social Objectives: An Examination on Social Welfare Investment of Chinese State Owned Enterprises [J]. *Scottish Journal of Political Economy*,

2009, 56 (3).

[157] Hu J, Cao Y, Blue P R, Zhou X. Low Social Status Decreases the Neural Salience of Unfairness [J]. *Front Behav Neurosci*, 2014 (8): 402.

[158] Hua M, Han Z R, Chen S, Yang M, Zhou R, Hu S. Late Positive Potential (LPP) Modulation During Affective Picture Processing in Preschoolers [J]. *Biological Psychology*, 2014 (101): 77 – 81.

[159] Huang Y X, Luo Y J. Temporal Course of Emotional Negativity Bias: An ERP Study [J]. *Neurosci Lett*, 2006, 398 (1 – 2): 91 – 96.

[160] Hubert Shea. Corporate Governance and Social Responsibility of Family Firms in Hong Kong: A Case Study of Hutchison Whampoa Limited (HWL). *Display Abstract Search. cfm*, 2007.

[161] Jin J, Dou X, Meng L, Yu H. Environmental-Friendly Eco-Labeling Matters: Evidences From an ERPs Study [J]. *Front Hum Neurosci*, 2018, 12: 417.

[162] Jin J, Wang A, Liu J, Pan J, Lyu D. How does Monetary Loss Empathy Modulate Generosity in Economic Sharing Behavior? An ERPs Study [M]. *Neuropsychologia*, 2020: 141.

[163] Jin J, Zhang W and Chen M. How Consumers are Affected by Product Descriptions in Online Shopping: Event-Related Potentials Evidence of the Attribute Framing Effect [J]. *Neurosci Res*, 2017 (125): 21 – 28.

[164] Joseph P. H. Fan, T. J. Wong, Tianyu. Founder Succession and Accounting Properties [J]. *Contemporary Accounting Research*, 2012, 29 (1): 283 – 311.

[165] Junghöfer M, Bradley M M, Elbert T R, Lang P J. Fleeting Images: A New Look at Early Emotion Discrimination [J]. *Psychophysiology*, 2001 (38): 175 – 178.

[166] Kaiser H F. A Second Generation Little Jiffy [J]. *Psychometrika*, 1970, 35 (4): 401 – 415.

[167] Kawamura Y, Kusumi T. The Relationship Between Rejection Avoidance and Altruism is Moderated by Social Norms [J]. *Personality and Individual Differences*, 2018 (129): 24 – 27.

[168] Kim Y, M. S. Park, B Wier. Is Earnings Quality Associated with Corporate Social Responsibility? [J]. *The Accounting Review*, 2012, 87 (3): 761 – 796.

[169] La Porta R, Lopez-de-Silanes F, Shleifer A. Corporate Ownership around the World [J]. *Journal of Finance*, 1999 (54): 471 – 518.

[170] La Porta R, Lopez-de-Silanes F, Shleifer A, Vishny R. Agency Problems and Dividend Policy around the World [J]. *Journal of Finance*, 2000 (55): 1 – 33.

[171] Larcker D F, Rusticus T O. On the Use of Instrumental Variables in Accounting Research [J]. *Journal of Accounting and Economics*, 2010 (49): 186 – 205.

[172] Lee S, Winterich K P, Ross W T. I'm Moral, but I Won't Help you: The Distinct Roles of Empathy and Justice in Donations [J]. *Journal of Consumer Research*, 2014, 41 (3): 678 – 696.

[173] Lee V K, Kranton R E, Conzo P, Huettel S A. The Hidden Cost of Humanization: Individuating Information Reduces Prosocial Behavior Toward In-Group Members [J]. *J Econ Psychol*, 2021: 86.

[174] Li M, Li J, Tan M, Li H, Zhong Y. Exposure to Money Modulates the Processing of Charitable Donation: An Event-Related Potentials Study [J]. *Neurosci Lett*, 2021 (765): 136277.

[175] Lisowsky P. Seeking Shelter: Empirically Modeling Tax Shelters Using Financial Statement Information [J]. *The Accounting Review*, 2010, 85 (5): 1693 – 1720.

[176] Lisowsky P, L. A. Robinson, A. P. Schmidt. Do Publicly Disclosed Tax Reserves Tell us about Privately Disclosed Tax Shelter Activity? [J]. *Journal*

of *Accounting Research*, 2013, 51 (3): 583 – 629.

[177] Lougee Barbara, Wallace James. Corporate Social Responsibility (CSR) Trend [J]. *Journal of Applied Corporate Finance*, 2008 (20): 96 – 108.

[178] Lybaert Nadine. The Influence of Family Involvement on CSR Disclosure [J]. *Proceedings of the European Conference on Management, Leadership & Governance*, 2014: 168 – 175.

[179] Mario Daniele Amorea, Alessandro Minichilli, Guido Corbetta. How do Managerial Successions Shape Corporate Financial Policies in Family Firms? [J]. *Journal of Finance*, 2011 (17): 1016 – 1027.

[180] Marques Pilar, Presas Pilar, Simon Alexandra. The Heterogeneity of Family Firms in CSR Engagement: The Role of Values [J]. *Family Business Review*, 2014 (27): 206 – 227.

[181] Mayr U, Harbaugh W T, Tankersley D. Neuroeconomics of Charitable Giving and Philanthropy [J]. *Neuroeconomics Decision Making and the Brain-Chapter*, 2009 (20): 303 – 320.

[182] McWilliam A, Siegel D. Corporate Social Responsibility and Financial Performance: Correlation or Misspecification? [J]. *Strategic Management Journal*, 2001 (21): 603 – 609.

[183] Mehrabian A, Russell J A. An Approach of Environmental Psychology [M]. Cambridge, MA, MIT Press, 1974.

[184] Mia Mahmudur Rahim, Shawkat Alam. Convergence of Corporate Social Responsibility and Corporate Governance in Weak Economies: The Case of Bangladesh [J]. *Journal of Business Ethics*, 2014 (121): 607 – 620.

[185] Michael Jensen. Value Maximization, Stakeholder Theory, and the Corporate Objective Function [J]. *Journal of Applied Corporate Finance*, 2001: 3.

[186] Milton Friedman. The Social Responsibility of Business is to Increase its Profits [J]. *The New York Times Magazine*, September, 1970: 13.

[187] Miron A M, Brehm J W. Reactance Theory – 40 Years Later [J]. *Zeitschrift für Sozialpsychologie*, 2006, 37 (1): 9 – 18.

[188] Mishra D R. Post-Innovation CSR Performance and Firm Value [J]. *Journal of Business Ethics*, 2017, 140 (2): 285 – 306.

[189] Mitchell R K, Agle B R, Wood D J. Toward A Theory of Stakeholder Identification and Salience: Defining the Principle of Who and What Really Counts [J]. *Academy of Management Review*, 1997, 22 (4): 853 – 886.

[190] Mohr L A, Webb D J. The Effect of Corporate Social Responsibility and Price on Consumer Responses [J]. *The Journal of Consumer Affairs*, 2005, 39 (1): 121 – 147.

[191] Moll J, Krueger F, Zahn R, Pardini M, De Oliveira-Souza R, Grafman, J. Human Fronto-Mesolimbic Networks Guide Decisions about Charitable Donation [J]. *Proceedings of the National Academy of Sciences*, 2006 (103): 15623 – 15628.

[192] Moon H, Yoon H J, Han H. Role of Airport Physical Environments in the Satisfaction Generation Process: Mediating the Impact of Traveller Emotion [J]. *Asia Pacific Journal of Tourism Research*, 2015, 21 (2): 193 – 211.

[193] Moser D V, P. R. Martin. A Broader Perspective on Corporate Social Responsibility Research in Accounting [J]. *The Accounting Review*, 2012, 87 (3): 797 – 806.

[194] MuiChing Carina Chan, John Watson, David Woodliff. Corporate Governance Quality and Corporate Social Responsibility Disclosures [J]. *Journal of Business Ethics*, 2013: 9.

[195] Neubaum D O, Zahra S A. Institutional Ownership and Corporate Social Performance: The Moderating Effects of Investment Horizon, Activism, and Coordination [J]. *Journal of Management*, 2006 (32): 108.

[196] Olofsson J K, Nordin S, Sequeira H, Polich J. Affective Picture Processing: An Integrative Review of ERP Findings [J]. *Biol Psychol*, 2008, 77

（3）：247 - 265.

［197］ Panasiti M S, Ponsi G. Commentary: Investigating the Effects of An-
ger and Guilt on Unethical Behaviour ［J］. *Front. Psychol*, 2017 (8): 159.

［198］ Paramita W, Septianto F, Tjiptono F. The Distinct Effects of Grati-
tude and Pride on Donation Choice and Amount ［J］. *Journal of Retailing and
Consumer Services*, 2020: 53.

［199］ Picton T, Bentin S, Berg P, Donchin E, Hillyard S, Johnson
R. Guidelines for Using Human Event-Related Potentials to Study Cognition: Re-
cording Standards and Publication Criteria ［J］. *Psychophysiology*, 2000 (37):
127 - 152.

［200］ Pletti C, Sarlo M, Palomba D, Rumiati R, Lotto L. Evaluation of the
Legal Consequences of Action Affects Neural Activity and Emotional Experience During
the Resolution of Moral Dilemmas ［J］. *Brain Cogn*, 2015 (94): 24 - 31.

［201］ Punit Arora, Ravi Dharwadkar. Corporate Governance and Corporate
Social Responsibility (CSR): The Moderating Roles of Attainment Discrepancy
and Organization Slack ［J］. *Corporate Governance: An International Review*,
2011, 19 (2): 136 - 152.

［202］ R Coase. The Nature of the Firm ［J］. *Economics*, 1937 (4): 391.

［203］ Rahwan Z, Hauser O P, Kochanowska E, Fasolo B. High Stakes: A
Little More Cheating, A Lot Less Charity ［J］. *Journal of Economic Behavior &
Organization*, 2018 (152): 276 - 295.

［204］ Rego S O, R Wilson. Executive Compensation, Tax Reporting Ag-
gressiveness, and Future Firm Performance ［J］. *Journal of Accounting Re-
search*, 2012, 50 (3): 775 - 810.

［205］ Rubin A. Political Views and Corporate Decision Making: The Case of
Corporate Social Responsibility ［J］. *Financial Review*, 2008, 43 (3): 337 -
360.

［206］ Sarlo M, Lotto L, Manfrinati A, Rumiati R, Gallicchio G, Palomba D. Temporal Dynamics of Cognitive-Emotional Interplay in Moral Decision-Making [J]. *Journal of Cognitive Neuroscience*, 2012, 24 (4): 1018 – 1029.

[207] Schmitz J, Scheel C N, Rigon A, Gross J J, Blechert J. You Don't Like Me, Do You? [J]. Enhanced ERP Responses to Averted Eye Gaze in Social Anxiety [J]. *Biol Psychol*, 2012, 91 (2): 263 – 269.

[208] Schupp H T, Stockburger J, Codispoti M, Junghofer M, Weike A I, Hamm A O. Selective Visual Attention to Emotion [J]. *J Neurosci*, 2007, 27 (5): 1082 – 1089.

[209] Semlitsch H V, Anderer P, Schuster P, Presslich O. A Solution for Reliable and Valid Reduction of Ocular Artifacts, Applied to the P300 ERP [J]. *Psychophysiology*, 1986 (23): 695 – 703.

[210] Sheikh S. Corporate Social Responsibilities: Law and Practice [J]. Routledge Caverdish, 1996.

[211] Shen Y, Shan W, Luan J. Influence of Aggregated Ratings on Purchase Decisions: An Event-Related Potential Study [J]. *European Journal of Marketing*, 2018, 52 (1/2): 147 – 158.

[212] Shleifer A, Vishny R. A Survey of Corporate Governance [J]. *Journal of Finance*, 1997 (52): 737 – 783.

[213] Solomon B, DeCicco J M, Dennis T A. Emotional Picture Processing in Children: An ERP Study [J]. *Dev Cogn Neurosci*, 2012, 2 (1): 110 – 119.

[214] Song, Fenghua, Anjan V. Thakor. Information Control, Career Concerns, and Corporate Governance [J]. *Journal of Finance*, 2006 (61): 1845 – 1896.

[215] Stefano Cascino, Amedeo Pugliese, Donata Mussolino and Chiara Sansone. The Influence of Family Ownership on the Quality of Accounting Information [J]. *Family Business Review*, 2010 (23): 246.

[216] Suzanne Young, Vijaya Thyil. Corporate Social Responsibility and

Corporate Governance: Role of Context in International Settings [J]. *Journal of Business Ethics*, 2014 (122): 1 – 24.

[217] Strang S, Park S Q. Human Cooperation and Its Underlying Mechanisms [J]. *Social Behavior from Rodents to Humans.* (Springer), 2016: 223 – 239.

[218] Tao Y, Cai Y, Rana C, Zhong Y. The Impact of the Extraversion-Introversion Personality Traits and Emotions in a Moral Decision-Making Task [J]. *Personality and Individual Differences*, 2020: 158.

[219] Teng Z, Nie Q, Liu Y, Guo C. Is Prosocial Video Game Exposure Related to Prosociality? An ERP Study Based on a Prosocial Help Needed Decision Task [J]. *Computers in Human Behavior*, 2017.

[220] Tensie Steijvers and Wim Voordeckers. Private Family Ownership and the Agency Costs of Debt [J]. *Family Business Review*, 2009 (22): 333 – 346.

[221] Thomas C. Berry, Joan C. Junkus. Socially Responsible Investing: An Investor Perspective [J]. *Journal of Business Ethics*, 2013 (112): 707 – 720.

[222] Van Rijn J, Quinones E J, Barham B L. Empathic Concern for Children and the Gender-Donations Gap [J]. *J Behav Exp Econ*, 2019: 82.

[223] Villa R, Tidoni E, Porciello G, Aglioti S M. Freedom to Act Enhances the Sense of Agency, While Movement and Goal-Related Prediction Errors Reduce it [J]. *Psychol Res*, 2021, 85 (3): 987 – 1004.

[224] Villalonga B R. Amit. How do Family Ownership, Control and Management Affect Firm Value? [J]. *Journal of Financial Economics*, 2006 (80): 385 – 417.

[225] Visser M S, Roelofs M R. Heterogeneous Preferences for Altruism: Gender and Personality, Social Status, Giving and Taking [J]. *Experimental Economics*, 2011, 14 (4): 490 – 506.

[226] Waddock S A, Graves S B. The Corporate Social Performance-financial Performance Link [J]. *Strategic Management Journal*, 1997 (18): 303 – 319.

[227] Wang Q, Meng L, Liu M, Wang Q, Ma Q. How do Social-based

Cues Influence Consumers' Online Purchase Decisions? An Event-Related Potential Study [J]. *Electronic Commerce Research*, 2015, 16 (1): 1 –26.

[228] Wang X, Huang Y, Ma Q, Li N. Event-Related Potential P2 Correlates of Implicit Aesthetic Experience [J]. *Neuroreport*, 2012, 23 (14): 862 – 866.

[229] Wei Z, S. Wu, C. Li, W. Chen. Family Control, Institutional Environment and Cash Dividend Policy: Evidence from China [J]. *China Journal of Accounting Research*, 2011 (4): 29 –46.

[230] Wickert C, Scherer A G, Spence L J. Walking and Talking Corporate Social Responsibility: Implications of Firm Size and Organizational Cost [J]. *Journal of Management Studies*, 2016, 53 (7): 1169 –1196.

[231] Willer R, Wimer C, Owens L A. What Drives the Gender Gap in Charitable Giving? Lower Empathy Leads Men to Give Less to Poverty Relief [J]. *Soc Sci Res*, 2015 (52): 83 –98.

[232] Wittek R, Bekkers R. Altruism and Prosocial Behavior, Sociology of [J]. *International Encyclopedia of the Social & Behavioral Sciences*, 2015.

[233] WMA. Declaration of Helsinki. Ethical Principles for Medical Research Involving Human Subjects [J]. *Jahrbuch fur Wissenschaft und Ethik*, 2009, 14 (1): 233 –237.

[234] Wu Shih-wei, Lin Fengyi, Wu Chia-ming. Supplement. Corporate Social Responsibility and Cost of Capital: An Empirical Study of the Taiwan Stock Market [J]. *Emerging Markets Finance & Trade*, 2014.

[235] Xingqiang Du. Is Corporate Philanthropy Used as Environmental Misconduct Dressing? Evidence from Chinese Family-Owned Firm [J]. *Journal of Business Ethics*, 2014 (4).

[236] Xu Q, Yang S, Huang Q, Chen S, Li P. A Sense of Unfairness Reduces Charitable Giving to a Third-Party: Evidence from Behavioral and Electrophysiological Data. *Neuropsychologia*, 2020 (142): 107443.

［237］Yoder K J, Decety J. Spatiotemporal Neural Dynamics of Moral Judgment: A High-Density ERP Study ［J］. *Neuropsychologia*, 2014 (60): 39 –45.

［238］Zhan Y, Xiao X, Li J, Liu L, Chen J, Fan W, et al. Interpersonal Relationship Modulates the Behavioral and Neural Responses During Moral Decision-Making ［J］. *Neurosci Lett*, 2018 (672): 15 –21.

［239］Zhang H, Ding H, Lu Y, Wang X, Cai D. Neural Responses to Mandatory and Voluntary Donation Impact Charitable Giving Decisions: An Event-Related Potentials Study ［J］. *Frontiers in Psychology*, 2021 (12): 783825.